JOHN C. MAXWELL

SÉ TODO LO QUE PUEDAS SER

PENIEL
BUENOS AIRES - MIAMI - SAN JOSÉ - SANTIAGO
www.peniel.com

Las citas bíblicas fueron tomadas de la Santa Biblia, Nueva Versión Internacional, a menos que se indique lo contrario.

Editorial Peniel
Boedo 25
Buenos Aires, C1206AAA
Argentina
Tel. 54-11 4981-6178 / 6034
e-mail: info@peniel.com
www.peniel.com

Diseño de portada e interior:
Arte Peniel • arte@peniel.com

Publicado originalmente en inglés con el título:
Be all you can be! by John C. Maxwell

Couchman, Judith
Sé todo lo que puedas ser. - 3a ed. - Buenos Aires : Peniel, 2011.
208 p. ; 21x14 cm.
Traducido por: Virginia López Grandjean
ISBN 10: 987-9038-71-1
ISBN 13: 978-987-9038-71-0
1. Liderazgo. I. Virginia, López Grandjean, trad. II. Título
CDD 248.5

Impreso en Colombia / Printed in Colombia

Este libro está dedicado a los cientos de hombres y mujeres que pertenecen a mi INJOY Life Club. Estas personas se esfuerzan por alcanzar su potencial para la gloria de Dios. ¡Es un gozo para mí compartir el viaje con ellos!

CONTENIDO

AGRADECIMIENTOS

Un agradecimiento especial para Barbara Babby, que corrigió este libro, y para Barbara Brumagin, que coordinó el proyecto.

Como siempre, agradezco a mi familia: Margaret, Elizabeth y Joel, que siempre apoyan mi ministerio.

Prólogo

Emocionante, informativo, orientador, extremadamente útil; estas son solamente algunas de las palabras que describen a *"Sé todo lo que puedas ser"*. El Dr. John Maxwell es verdaderamente uno de los "mercaderes de palabras" más efectivos y compasivos del siglo XX. Al escribir hace uso de su intelecto, considerablemente desarrollado; pero más importante aun es que escribe desde el corazón. Eso hacen todos los comunicadores que son realmente efectivos. Como dice el Dr. Maxwell: "Si no hay fe en el futuro, no hay poder en el presente". Lo hermoso de *"Sé todo lo que puedas ser"* es que da al lector mucha esperanza para el futuro, lo cual obviamente le dará un gran poder en el presente. Esto permite que cada uno de nosotros sea más efectivo hoy, lo cual significa que nuestro futuro va a ser mejor.

"Sé todo lo que puedas ser" es hermoso en tres aspectos: podemos tomarlo para levantarnos el ánimo momentáneamente, para lo cual basta con leer una página o dos. Podemos darnos un festín más abundante al servirnos de la mesa de este banquete de grandes ideas y pensamientos, y recibir verdaderamente algo que no solo nos levantará el ánimo sino también

nos instruirá, y así marcará una diferencia en nuestras vidas. Finalmente, podemos alimentarnos en forma regular con las perlas de sabiduría que se encuentran a lo largo de todo el libro. Es claro y conciso, por lo que nunca nos preguntaremos qué es lo que quiere decir. En resumen: nos desafía a ser todo lo que podemos ser, y luego nos da algunas pautas bien claras para lograr el objetivo. Es bueno... muy bueno.

- Zig Ziglar

¡Sí, puedes!

Siempre he tratado de transformar las situaciones problemáticas en oportunidades para poner en práctica alternativas creativas. Hace un tiempo, un día de mucho calor, mi esposa Margaret y yo viajábamos por una región rural de Ohio, y teníamos mucha sed. El restaurante de comidas rápidas donde nos detuvimos tenía hielo, pero no tenía Coca dietética. La solución que se me ocurrió era que me dieran allí un vaso con hielo, y comprar una lata de Coca en un negocio cercano. Me parecía muy fácil cuando hice el pedido, pero la jovencita que estaba en el mostrador me dijo, con gran convicción: "Lo siento, no puedo hacer eso". Sin duda tenía una mentalidad de "no puedo" que debía ser reprogramada.

La miré a mi vez, sonreí, y le dije: "¡Sí, puedes!" El rostro se le iluminó y me respondió: "¡Perfecto!" En una respuesta positiva y enérgica, me trajo un vaso con hielo. Lo único que necesitaba era que yo le diera mi permiso para responder a una alternativa creativa.

Lo único que esa jovencita necesitaba era alguien que la alentara, alguien que le dijera: "Sí, puedes." Lo que quiero para este libro es que le dé a usted ese espíritu de "sí, puedo", para su vida.

Lo segundo que quiero que este libro logre es darle a usted algunos principios para el éxito, que verdaderamente funcionan. Sabe, hay principios para el éxito y principios para el fracaso. Hay un simple proceso de aplicar estos principios para el éxito, que consiste en cuatro pasos: conocer, mostrar, ir y crecer. Primero hay que conocer los principios; después, hay que mostrarlos en la práctica. Debemos ser modelos de estos principios para otros, dado que la gente tiene que verlos. Eso es aún más importante que escucharlos. El "ir" es la experiencia. Hay que arremangarse, salir al campo y experimentarlos. A medida que usted crece, evalúese. Pregúntese: "¿Estoy progresando? ¿Realmente se están convirtiendo en parte de mi vida estos principios? ¿Es algo tan natural para mí como respirar? ¿Se están transformando en algo natural para mí?" Quiero compartirle principios que lo ayuden a crecer, tanto en su vida cristiana como en su liderazgo.

Tercero, quiero dar herramientas a aquellos que están en posiciones de liderazgo. Cuando hablo de herramientas, hablo de información. La información es poder, y toda persona tiene influencia. Eso es el liderazgo; y cuanta más información tengamos, más poder tendremos en nuestro liderazgo. Cuanta más información impartamos a los demás, más podremos influir en ellos en forma positiva.

Quiero que usted tome el material que le doy y lo pase a otra persona. No sirve de nada si solo lo asimila usted. Debe ser compartido.

La cuarta meta de "*Sé todo lo que puedas ser*" es ayudar a desarrollar líderes cristianos que marquen una diferencia. Me interesa plantearle un desafío. Si no tenemos desafíos, no cambiamos. ¿Sabe usted cuál es la diferencia entre líderes, seguidores y perdedores? Los líderes crecen con los desafíos. Los seguidores luchan con los desafíos. Los perdedores se esconden de los desafíos. Yo deseo que usted crezca con este material. Quiero que sea como una banda elástica; no es útil si no se estira.

La última meta que tengo para este libro es que le ayude a desarrollar actitudes sanas y gozosas. Sabe, la mayoría de nuestros problemas están en nuestra cabeza. No es lo que nos sucede a nosotros; es lo que sucede dentro de nosotros. El gozo es una consecuencia de seguir los principios correctos.

Hace unos meses, mientras iba en un avión, leí Juan 15. Entonces llegué a las palabras de Jesús en el versículo 11: "*Les he dicho esto para que tengan mi alegría y así su alegría sea completa*". Estas palabras saltaron de la página para mí, y comencé a comprender que Jesús hablaba a sus discípulos, a los cristianos, y que básicamente les decía que aunque habían estado con él durante tres años, existía la posibilidad de que no tuvieran un gozo continuo en sus vidas. Les decía que el gozo y la felicidad se harían reales solo si ponemos los principios correctos en práctica. Lo que comparto con usted en este libro, lo comparto porque quiero ayudarle para que sea un cristiano gozoso y fructífero.

¡*SER FRUCTÍFERO ES DIVERTIDO*!

En Juan 15, Jesús dice que ser fructífero es divertido. En realidad, el tema de Juan 15 es que Jesús desea que tengamos vidas fructíferas. Observe el versículo 16: "*No me escogieron ustedes a mí, sino que yo los escogí a ustedes y los comisioné para que vayan y den fruto, un fruto que perdure. Así el Padre les dará todo lo que pidan en mi nombre*".

Permítame compartir con usted lo que yo considero que significa ser fructífero, según la Biblia. Cuando Dios habla en su Palabra de una vida fructífera, habla de actitudes positivas, activas. El pasaje de la Biblia que habla del fruto del Espíritu, Gálatas 5:22-23, es el principal texto sobre la vida fructífera: "*En cambio, el fruto del Espíritu es amor, alegría, paz, paciencia, amabilidad, bondad, fidelidad, humildad y dominio propio*". Fructificar es mostrar actitudes activas y positivas diariamente en nuestra vida. Cuando eso sucede, comenzamos a sentir un gozo real y a ver que suceden cosas positivas. Cuando unimos estas actitudes, aparecen cinco "RP".

Primero, hay *resultados positivos.* Cuando comenzamos a inyectar estas actitudes en nuestra sociedad, veremos resultados constructivos.

Tendremos *relaciones positivas.* Comenzaremos a desarrollar relaciones fructíferas con los demás.

Veremos *reacciones positivas*, especialmente en áreas que anteriormente eran problemáticas para nosotros. Veremos que recibimos reacciones positivas cuando comencemos a tener actitudes activas y positivas.

Recibiremos *reafirmación positiva.* La vida es como un espejo: lo que vemos es lo que mostramos; lo que sacamos es lo que hemos puesto. Cuando alentemos a los demás, descubriremos que ellos nos alentarán a nosotros. Las actitudes son contagiosas.

Finalmente, tendremos un *regocijo positivo.* Eso es lo que Jesús dice en Juan 15:11: *"Les he dicho esto para que tengan mi alegría y así su alegría sea completa".* Muchas veces las personas me dicen que no son felices, que no se sienten realizadas. Hablan de que no tienen gozo en sus vidas. Tengo la impresión de que la búsqueda del gozo se ha convertido en el propósito de sus vidas; pero el gozo (o la felicidad, o la realización personal) no viene a nosotros cuando lo buscamos, sino cuando ponemos en práctica los principios correctos. Es una consecuencia natural de hacer lo correcto.

Cuando vivimos según los principios correctos, comenzamos a amar los principios correctos. La mayoría de las veces queremos "amarlos" primero. Queremos enamorarnos de lo que es correcto y que luego nos suceda. Pero esto funciona al revés: cuando aprendemos lo que es correcto y vivimos de acuerdo con eso, entonces comenzamos a *querer* hacerlo; entonces experimentamos la consecuencia, que es el gozo. Probablemente usted haya visto algún autoadhesivo que decía: "¿Y? ¿Nos estamos divirtiendo?" Cada vez que veo ese autoadhesivo pegado en un auto, quisiera escribir otro que dijera: "¿Estamos haciendo las cosas bien?" Si hacemos lo correcto, nos divertiremos.

La fuente

En Juan 15:1-10, Jesús nos da los principios para una vida fructífera. Estudiémoslos juntos. Primero, nuestro potencial para una vida fructífera es ilimitado, debido al lugar de donde proviene. Jesús comienza diciendo: "*Yo soy la vida verdadera*" (v. 1). Jesús es la fuente. Cuando comprendemos esto, comprendemos por qué Pablo podía decir: "*Todo lo puedo en Cristo que me fortalece*" (Filipenses 4:13). Damos fruto cuando tomamos de la fuente correcta.

Un amigo mío comentaba el significado del pasaje de Miqueas 6:8 con su nieto de siete años: "*¿Y qué es los que demanda el SEÑOR de ti, sino sólo practicar la justicia, amar la misericordia, y andar humildemente con tu Dios?*" (Biblia de las Américas). El niño, que estaba memorizando el versículo, dijo: "Abuelo, es difícil ser humilde si uno realmente anda con Dios". ¡Qué gran declaración teológica, dada por un niño de siete años! Cuando comencemos a captar siquiera un atisbo de los ilimitados recursos que están a nuestra disposición –el poder de Dios mismo–, entonces, y solo entonces, sentiremos la seguridad de que estamos plenamente equipados para hacer todo lo que Dios nos llame a hacer.

Entonces nos sentiremos como ese ratón que cruzó un puente extendido sobre un profundo barranco, junto con un elefante. Mientras ambos cruzaban, el puente se sacudía mucho. Cuando llegaron al otro lado, el ratón miró a su enorme compañero y le dijo: "Vaya, ¡cómo hicimos temblar ese puente!, ¿no?"

Hudson Taylor, el gran misionero a la China, dijo: "Muchos cristianos evalúan las dificultades a la luz de sus propios recursos, y por lo tanto, se atreven a muy poco, y siempre fallan. Todos los gigantes han sido hombres débiles que hicieron grandes cosas para Dios porque confiaron en que su poder y su presencia estarían con ellos".

Como David, que dijo: "*La batalla es del SEÑOR*" (1 Samuel 17:47), también nosotros debemos comprender que Jesús es la fuente donde se origina nuestro poder, y que podemos estar conectados directamente a Él.

El cuidado de nuestro dueño

En este pasaje bíblico, Jesús dice que tenemos potencial para vivir una vida fructífera no solo debido a la fuente de la que proviene nuestro poder, sino en razón de quien nos cuida. Así como Jesús es la fuente, el Padre es el labrador. El labrador cuida de la vid; es un hombre hábil y conocedor, un experto en el cultivo de uvas. Pero en este pasaje, además, es el dueño de la vid. Cuando alguien es dueño de algo, tiene un interés personal en ello. Es alguien que tiene un compromiso, algo más que conocimiento y habilidad. Como ramas, no solo tomamos el poder o la energía de la vid, sino que también tenemos a Dios que nos supervisa, nos cuida y nos prepara para ser productivos y fructíferos.

Usted probablemente haya notado que la persona que es dueña de algo, sea lo que fuere, siente un cierto orgullo que un mero observador no tiene. Recuerdo que cuando yo era niño, mi abuelo me llevaba a caminar por su granja. Mientras caminábamos y mirábamos a nuestro alrededor, él descubría belleza y singularidad en cosas que yo no me hubiera detenido a mirar dos veces. Él veía gran potencial en un granero destartalado al fondo de la casa; yo veía leña. Él me mostraba un viejo y herrumbrado tractor, y veía una máquina con posibilidades de ser útil; yo veía solo un montón de hierros oxidados. ¿Por qué? ¿Cómo podía ser que miráramos al mismo objeto y viéramos cosas diferentes? Él era el dueño de todo eso; yo no. La posesión marca la diferencia. Dios es nuestro dueño, y cuando mira nuestras vidas, las ve no como un mero observador, sino como un inversor.

La poda

Nuestro potencial para una vida fructífera es grande, porque Jesús es la fuente. El hecho de que Dios cuide de nosotros y sea nuestro dueño aumenta el potencial. Una de las cosas que Dios hace, como labrador, es podarnos. Esta poda aumenta grandemente nuestro potencial para una vida fructífera. "*Toda rama que da fruto la poda para que dé más fruto todavía*" (v. 2). Dios, el labrador de la vid, quita todo lo que pueda ser obstáculo para que seamos fructíferos. Él sabe que si no quita las ramas muertas, todos nuestros recursos irán a producir más y más madera, y no produciremos fruto.

He descubierto que las personas productivas están continuamente siendo podadas, pasan por el proceso que Dios utiliza para hacernos más fructíferos. Y Dios sabe exactamente qué "podar" de nuestras vidas. Él es como el maderero profesional que, cuando los troncos se atascan en el río, se sube a un árbol muy alto, observa los troncos y descubre dónde está el problema. Después toma un cartucho de dinamita y hace volar esa parte, para que los troncos puedan continuar siendo llevados por la corriente. Bueno, quizá yo no haría lo mismo. Yo probablemente me metería en el agua y comenzaría a empujar un tronco y otro hasta llegar al lugar donde está el problema. Pero Dios no pierde el tiempo en cosas secundarias. Él va directo al grano con su dinamita y hace volar solo las áreas de nuestras vidas que no son productivas. Dios corta ese "*pecado que nos asedia*" (Hebreos 12:1), sea lo que fuere que evita que lleguemos a ser las personas que realmente queremos llegar a ser.

AQUEL QUE ESTÁ CON NOSOTROS

Nuestro potencial para ser fructíferos también es tremendo a causa de quién es el que está con nosotros. En el versículo 4, Jesús habla de esto (y en realidad, el tema está presente en todo el pasaje): "*Permanezcan en mí, y yo permaneceré en ustedes. Así como ninguna rama puede dar fruto por sí misma, sino que tiene que permanecer en la vid, así tampoco ustedes pueden dar fruto si no permanecen en mí*". Diez veces, en los versículos 4 al 10, vemos la palabra "permanecer". Básicamente, nos dice: "Mantente conectado con la vid, y todo estará bien". Cuando Robert Morrison iba hacia la China para ser misionero allí, el capitán del barco en el que viajaba, que no creía en su sueño, lo molestó durante todo el viaje. Cuando Morrison bajaba del barco, el capitán le dijo: "Supongo que usted cree que va a causar una gran impresión en China". El misionero le respondió simplemente: "No, señor. Pero creo que Dios sí lo hará". Morrison iba acompañado por Dios.

Esta presencia de Dios con nosotros debería darnos la misma clase de confianza que tenía el niño que vendía lápices de cinco centavos para reunir dinero con el fin de construir un hospital para la comunidad, que costaría 30 millones de dólares. Un día, una mujer abrió la puerta de su casa y el niño le preguntó: "Señora, ¿quisiera comprarme uno o dos lápices? Estoy ayudando a construir un hospital de 30 millones de dólares para nuestra comunidad". La mujer le dijo: "Querido, es una meta muy grande para un solo niño que vende lápices por una moneda". El niño le respondió: "Señora, no soy yo solo. ¿Ve a ese niño que está en la acera de enfrente? Es mi socio y me está ayudando. En realidad, lo estamos haciendo entre los dos". Este niño tenía una gran fe en un compañero que probablemente tuviera su misma edad. ¿No deberíamos nosotros tener esta clase de confianza en un Dios que no tiene igual, que nos acompaña y trabaja con nosotros para que nuestra vida sea fructífera?

NUESTRA PROMESA

También tenemos potencial para ser fructíferos por la promesa que se nos da en el versículo 7: "*Si permanecen en mí y mis palabras permanecen en ustedes, pidan lo que quieran, y se les concederá*". Hay dos observaciones que quisiera realizar. Primero, la promesa es condicional: "si" permanecemos en Él. Segundo, lo que pedimos debe estar de acuerdo con su Palabra. Lo que Jesús está diciendo, en realidad, es que si permanecemos en Él, nos deleitaremos en Él, tanto que solo pediremos cosas que estén de acuerdo con su voluntad. Me recuerda al Salmo 37:4: "*Deléitate en el SEÑOR, y él te concederá los deseos de tu corazón*". El deleite viene antes que el deseo. Si me deleito en algo, ello determina lo que deseo. Si me deleito en Dios, mi deseo será hacer las cosas según su voluntad, y pedir según su voluntad. Muchas veces tratamos de hacer que este principio funcione al revés.

Cuando yo era estudiante de la secundaria, una de mis tareas era lavar los platos después de la cena. Yo odiaba lavar los platos. En ese tiempo estaba saliendo con Margaret, y muchas veces la idea de verla por la noche era más importante que mi sentido del deber en mi casa, así que me metía en el auto y salía rápidamente antes que nadie se diera cuenta. Cuando llegaba a su casa, ¿se imagina qué estaba haciendo ella? Yo inmediatamente tomaba un repasador y comenzaba a secar platos... ¡y me encantaba hacerlo! La persona en quien yo me deleitaba lavaba los platos, y cuando uno realmente se deleita en alguien, disfruta de hacer aun aquellas cosas que normalmente no le gustan. Muchas veces nos falta el deseo porque no nos deleitamos lo suficiente. Dios promete que cuando nos deleitemos en Él, desearemos lo que necesitamos, y Él nos lo dará.

El propósito de nuestra vida

Nuestro potencial para ser fructíferos es grande debido al propósito que tiene nuestra vida. Lo vemos en el versículo 8: *"Mi Padre es glorificado cuando ustedes dan mucho fruto y muestran así que son mis discípulos".* En otras palabras, fuimos creados para ser fructíferos. Ese es nuestro propósito. Mire el versículo 16: *"No me escogieron ustedes a mí, sino que yo los escogí a ustedes y los comisioné para..."* ¿Para qué? *"Para que vayan y den fruto"*, es decir, para que tengamos actitudes activas y positivas en nuestras vidas. Hemos sido elegidos, puestos por Dios para tener una vida fructífera. Esas actitudes activas y positivas, como el amor, el gozo, la paz y la paciencia, deberían convertirse en parte de nuestras vidas. Cuando ellas se convierten en parte de nuestra vida interior, entonces comenzamos a compartirlas con los demás.

El problema con nosotros los cristianos es, muchas veces, que no mostramos estas actitudes positivas que pueden hacer que seamos sal y luz en el mundo. Se dice que cuando Berlín era dividida en Berlín Oriental, controlada por los comunistas, y Berlín Occidental, parte del mundo libre, un grupo de berlineses orientales arrojaron un camión de basura en el lado oeste. Al principio, los de Berlín Occidental pensaron en recoger toda la basura, ponerla en un camión, y arrojarla de vuelta en el lado oriental. Pero después decidieron que esa no era la mejor forma de manejar el asunto. Por el contrario, llenaron un camión con alimentos enlatados y otros no perecederos, fueron al lado oriental, apilaron prolijamente la carga, y pusieron un cartel que decía: "Cada uno da lo que tiene para dar". Creo que realmente estaban predicando, ¿no le parece? Solo podemos dar fruto a los demás cuando vivimos una vida interior fructífera.

EL FRUTO DE OBEDIENCIA

Nuestro potencial para ser fructíferos es formidable, debido a nuestra obediencia. Jesús dice en los versículos 7 y 10 que si permanecemos en Él y guardamos sus mandamientos, seremos fructíferos. Creo que la palabra clave aquí es la pequeña "si". En casa tengo una taza que dice: "Depende de mí que suceda". Creo que es eso lo que Jesús dice. Dice que ser fructíferos depende de nosotros. En Juan 15, Jesús da por descontado que Él tendrá una relación fructífera con nosotros. En el versículo 6, dice: "*El que no permanece en mí...*". No dice: "Si yo no permanezco en alguno..." Él va a estar conectado con nosotros, pero la pregunta que nos hace es: "¿Vas a estar tú conectado conmigo?" Él ya está ahí. Él tiene el poder. Tiene la fuerza. Tiene sabiduría para darnos. Tiene todos los recursos que necesitamos, y está dispuesto a dárnoslos. Lo único que necesitamos hacer es conectarnos con Él.

¿Por qué no siempre permanecemos en Él? Por pura desobediencia. Comenzamos a pensar que podemos hacer las cosas por nuestra cuenta; comenzamos a tener una malsana confianza en nosotros mismos, en lugar de tener confianza en Cristo. Cuando no tenemos actitudes activas y positivas, es porque no estamos conectados con la vid. Los cristianos no deberían tener que "motivarse mentalmente" cada día, como hace el mundo, para tener actitudes activas y positivas. Cuando la relación con Cristo es la correcta, eso se vuelve tan natural como respirar. Jesús nos dice que cuando la relación es la correcta, comenzamos a vivir vidas fructíferas. Entonces comenzamos a ser realmente productivos.

Todos queremos ser productivos. Un psicólogo de la Universidad de Stanford intentó demostrar que vivimos para tener resultados productivos, es decir, fruto. Este científico contrató a un hombre para su investigación. El hombre era leñador. El psicólogo le dijo: "Le daré el doble de dinero que recibe en la empresa para la que trabaja, si golpea este tronco con el lado romo del hacha, todo el día. No tendrá que cortar ni un solo trozo de madera. Solo golpéela con el lado que no tiene filo. Golpéela con todas sus fuerzas, como si estuviera hachando". El hombre trabajó durante medio día y renunció. Cuando el psicólogo le preguntó: "¿Por qué renunció?", el leñador contestó: "Porque cada vez que muevo un hacha, tengo que ver cómo vuelan las astillas. Si no veo volar las astillas, no me interesa". Estoy convencido de que muchos cristianos usan el lado romo de sus hachas, y por eso no ven volar astillas. En otras palabras, no producen fruto, y su gozo ha desaparecido. El gozo ha sido reemplazado por una sensación de futilidad, inutilidad, inmovilidad. A las personas productivas les gusta ver volar las astillas.

LA FÓRMULA PARA SER FRUCTÍFEROS

En Juan 15, Jesús nos da una fórmula de solo tres palabras para ser fructíferos. Estas tres palabras son las que deseo que usted recuerde, porque son la clave de la vida fructífera. La primera es *permanecer.* A lo largo de todo el pasaje de Juan 15 se nos exhorta a permanecer. En realidad, esa es la traducción exacta de la palabra utilizada en el idioma original. Jesús habla de nuestra voluntad de tomarnos un tiempo con Él para orar y estudiar la Palabra. Tenemos que permitir que Él comience a ser parte de nuestras vidas y trabaje en ellas.

La segunda palabra de esta fórmula es *recibir.* En Juan 15, Jesús dice que si permanecemos en Él, comenzaremos a recibir algunas cosas. Recibiremos una vida buena y fructífera.

La tercera palabra es *reproducir.* Si permanecemos en Él, recibiremos lo que tiene para nosotros. Cuando recibamos lo que Él tiene para nosotros, solo entonces, comenzaremos a reproducirnos.

UN SEGUIMIENTO FRUCTÍFERO

Quisiera darle un par de sugerencias para aplicar estas cosas en su vida. Primero, lo animo a comprometerse *ya mismo* a tener un estilo de vida productivo. Suba a la rama; allí está el fruto. Todos los grandes logros deben comenzar con una decisión inicial. Decídase a ser un cristiano fructífero, a comenzar a reproducirse para Cristo.

Segundo, siga la fórmula para ser fructífero que acabo de darle, y sígala cada día. *Permanezca* en Él; pase al menos quince minutos orando y meditando diariamente. *Reciba*: pase treinta minutos diarios leyendo la Palabra de Dios, o un libro positivo, o una grabación educativa. Alimente su intelecto con cosas que le ayudarán a pensar en forma correcta y luego *reprodúzcase.* Busque a alguien (hágalo hoy, no mañana) con quien pueda compartir, quizá, aunque sea solo una de las verdades que aprendió en este capítulo. Compártala. Una de las formas más rápidas de crecer es decirle a otra persona lo que usted acaba de aprender. Cuanto más lo verbalice, más lo internalizará.

Tercero, haga una lista de las semillas que está plantando en su vida. ¿Qué cosas hace usted ahora, que le ayudarán a ser fructífero? Piense no solo en hoy, sino también en un año a partir de hoy, y cinco años a partir de hoy. ¿Qué invierte usted hoy en su vida, que le devolverá diez, treinta o cien veces más?

Cuarto, escriba algunos resultados positivos que se producen en su vida. Si está conectado con la vid, debería ver algunas evidencias de esa relación. ¿Recuerda las cinco "RP"? Deberían comenzar a ser visibles en su vida. Búsquelas. Escríbalas y llévelas con usted. A medida que comience a plantar buenas semillas en la tierra de su vida, seguramente comenzará a cosechar algunos beneficios positivos, posiblemente en o a través de personas que anteriormente han reaccionado en forma negativa. Comience a cultivar el suelo; plante algunas semillas positivas y observe cómo las cinco "RP" vuelven a usted. Recuerde el tema: "*Les he dicho esto para que tengan mi alegría y así su alegría sea completa*" (Juan 15:11).

FÓRMULA PARA EL ÉXITO

Hace poco escuché un relato acerca de un hombre que fue distinguido como ciudadano ilustre de su ciudad. Cuando le pidieron que contara la historia de su vida, el hombre dijo: "Vecinos y amigos, cuando llegué aquí, hace 30 años, entré a la ciudad por una calle de tierra llena de barro, con solo la ropa y los zapatos que tenía puestos, y todas mis posesiones terrenales dentro de un pañuelo rojo atado a un palo que llevaba al hombro. Hoy soy el presidente del directorio del banco. Soy dueño de hoteles, edificios de apartamentos, edificios de oficinas, tres compañías con sucursales en 49 ciudades, y estoy en las juntas directivas de los principales clubes de la ciudad. Sí, amigos, esta ciudad ha sido muy buena conmigo".

Después del banquete, un joven se acercó al gran hombre y le preguntó: "Señor, ¿podría decirme qué llevaba envuelto en

cuando entró a esta ciudad, hace 30 años?" El
. "Hijo, creo que era aproximadamente medio
res en efectivo y 900.000 en bonos del gobierno".
r comprender lo que es el éxito, primero tenemos
que pregu.. arnos qué hay en el pañuelo rojo. Si yo le pidiera a usted que definiera qué es el éxito, lo haría según lo que tiene envuelto en su pañuelo rojo, las cosas que realmente necesita para vivir.

¿QUÉ ES EL ÉXITO?

Quisiera encarar esta fórmula para el éxito desde dos ángulos. Primero, debemos definir el éxito según el punto de vista del mundo, y luego definir el éxito desde una perspectiva cristiana. Hay una diferencia.

La mejor forma de definir el éxito según el mundo es que es el poder con el cual adquirir cualquier cosa que uno demande de la vida, sin violar los derechos de los demás. En otras palabras, es el poder para conseguir lo que queremos, sin pisarle la cabeza a otro; el éxito, para el mundo, es igual a poder. Pero una definición cristiana del éxito debe incluir algo más. Esta es mi definición de éxito: entrar al campo de acción, con la determinación de entregarnos a aquella causa que haga mejor a la humanidad y dure para la eternidad. El éxito es más que tener poder o no violar los derechos de los demás; es el privilegio de contribuir al mejoramiento de los demás.

Según la definición del éxito que da el mundo, el "yo" demanda de la vida, mientras que en la definición cristiana del éxito, la vida demanda del "yo". El mundo puede decir que tengo éxito si satisfago mis necesidades, aunque no ayude a los demás. El cristiano debe decir que para ser un éxito, debo contribuir al bienestar de los demás. Para decirlo en otras palabras, para ser todo lo que puedo ser, necesito ayudarlo a usted a ser todo lo que pueda ser.

La única persona que puede impedirle llegar a ser la persona que Dios quiere que sea... es *usted*. Si usted no es la persona que Dios tenía en mente cuando lo creó, no es culpa de Él. Él nunca nos pide que seamos algo sin darnos el poder para serlo. Pero muchas veces nos quedamos a mitad de camino, y nunca logramos el éxito.

¿POR QUÉ FRACASAN LAS PERSONAS?

Creo que hay tres razones principales por las cuales las personas no llegan al éxito.

Muchos simplemente no sienten necesidad de tener éxito. Estas personas están seguras; no necesitan probar nada. Están felices y contentas, y les gusta lo que les pasa. Pero si éxito significa ser todo lo que Dios desea que seamos, y estamos satisfechos con menos que eso, no sólo no alcanzamos la gloria de Dios nosotros, sino que limitamos lo que otros pueden ser para Él.

La mayor responsabilidad de los líderes es no estafarse a sí mismos, dando menos a quienes ellos lideran. Si Dios nos ha dado un don, debemos utilizarlo y llegar al éxito, para no solo fortalecer el reino desde nuestra perspectiva, sino también desde la de nuestros seguidores.

La segunda razón por la que las personas fracasan es que *tienen miedo del éxito*. ¿Cuáles son algunos de los motivos por los que podemos temer al éxito? Algunas veces el nivel de compromiso necesario nos hace retroceder. Otras veces tenemos miedo porque si logramos un éxito nos sentimos presionados a continuar teniendo éxito. El alumno que saca las mejores calificaciones en su boletín escolar está sentando un precedente de resultados que lo obliga a continuar con ese nivel de logros. Muchas veces no queremos ser responsables, así que nos acobardamos.

Las personas que tienen baja autoestima siempre escapan del éxito. Otros no quieren tener éxito porque no desean estar solos. Prefieren estar con la multitud; se está muy solo en la cumbre. El riesgo es otra razón; la gente no quiere arriesgar su cabeza. Hay muchas otras razones, pero el punto principal es que algunas personas le tienen miedo al éxito.

La tercera razón por la que muchos fracasan es que *el éxito les resulta sospechoso.* Es como si pensaran que si alguien desea tener éxito, sin duda no es espiritual; las personas exitosas no pueden ser humildes. Casi hemos igualado humildad con pobreza. Pero cuando leo la Palabra de Dios, una de las cosas que más me impresiona es que la Biblia está llena de personas exitosas que decidieron entrar al campo de la acción y entregarse a una causa que mejoraría a la humanidad. Tuvieron éxito y cambiaron vidas para la eternidad. Piense en personas como José, Nehemías, el apóstol Pablo, Josué, David, Abraham. Muchos de los hombres de la Biblia son lo que podríamos considerar "exitosos". No llegar a ser todo lo que Dios lo creó para que fuera, no solo lo limita a usted, sino también a aquellos que están bajo su influencia.

Elija su meta

La razón por la que la mayoría de las personas no tienen éxito es simplemente que en realidad, no saben qué desean de la vida. Pablo decía: "*una cosa hago*" (Filipenses 3:13). Él sabía lo que quería hacer. Una vez escuché a alguien decir que el éxito es "la realización progresiva de una meta predeterminada que vale la pena". Tenemos que saber adónde vamos.

La meta es predeterminada. El éxito no es casualidad; no es obra de la suerte, ni del destino. Es algo predeterminado. *La meta vale la pena.* No es un éxito si no contribuye en forma positiva a ayudar a las personas. *El éxito es continuado.* No es un hecho aislado, sino un recorrido, un proceso continuo. No es un premio que recibimos por una carrera que hemos ganado o un trabajo que hicimos bien. El éxito es el resultado positivo de un movimiento permanente hacia adelante.

Las investigaciones demuestran que aproximadamente el 95% de nosotros nunca ha escrito sus metas en la vida, pero del 5% que sí lo hizo, el 95% ha logrado sus metas. En 1953, en la Universidad de Yale, solo el 3% de los egresados de ese año tenían metas específicas escritas para sus vidas. En 1975, los investigadores descubrieron que ese 3% de los alumnos que habían puesto sus metas por escrito habían logrado más que el restante 97%.

Me pregunto cuántas cosas no llegamos a alcanzar porque no establecemos metas definidas al ponerlas por escrito. Continuamente encuentro personas que no establecen metas definidas porque hay demasiados factores en sus vidas sobre los cuales no tienen control. Hay límites físicos para lo que podemos hacer. Yo solo puedo arrojar una pelota a determinada altura como máximo; más allá de eso, está fuera de mi control. Pero dentro del límite de mi capacidad, tengo total libertad. El determinismo es tan parte de la vida como el libre albedrío, pero es mucho mejor aprovechar al máximo lo que podemos hacer, que lamentarnos por lo que no podemos hacer.

Una persona común pasa 20 años de su vida durmiendo, 6 años mirando la televisión, 5 años vistiéndose y afeitándose, 3 años esperando a otras personas, un año hablando por teléfono, y cuatro meses atándose los zapatos. Para ayudarle a comprender la importancia de tener metas y para facilitarle el proceso de determinar sus propias metas, permítame darle seis pautas muy importantes.

Su meta debe incluir a otras personas. Ninguna meta vale la pena si es solo para usted. Elija una meta suficientemente grande como para que incluya y sea de ayuda a otras personas.

Su meta debe ser clara. Si no sabe adónde va, no le servirá de nada tener un mapa.

Su meta debe ser mensurable. Es necesario que tenga una forma de ver si progresa hacia el cumplimiento de la meta.

Su meta debe ser expansible. No grabe sus metas en la piedra. Si su meta no es expansible, no sirve. A medida que crecemos, vemos más claramente las cosas, y debemos elevar continuamente nuestras metas. Triste es el día en que pensamos que hemos logrado nuestras metas y no nos queda nada más por hacer.

Sus metas deben estar llenas de convicción. La convicción es la confianza inamovible de que vale la pena trabajar para llegar a la meta. Es el combustible que nos empuja hacia adelante.

Su meta debe valer la pena. No hay nada como una meta sin valor, no debe ser algo frívolo.

DESATE EL POTENCIAL QUE ESTÁ ATRAPADO EN SU INTERIOR

La mayoría de las personas solo usan aproximadamente un 10% de su potencial. Si alguien usa el 25%, es considerado un genio. Si podemos pasar de usar un 10% a usar un 20%, duplicaremos nuestra productividad y aún así, nos quedará sin utilizar un 80%.

Miguel Ángel trabajó en 44 estatuas en toda su vida, pero solo terminó 14 de ellas. "David" y "Moisés" probablemente sean las más famosas. Las otras nunca fueron terminadas. Son solo bloques de piedra, en los que quizá se ve la forma de un brazo o una cabeza. Hay un museo en Italia donde pueden verse estas obras inconclusas, el potencial desaprovechado de un gran genio.

Ya es bastante triste enterarse de que hay obras inconclusas de Miguel Ángel, pero es más triste aún mirar cada día a la gente que nos rodea y darnos cuenta de que son como bloques de piedra que no han sido desarrollados. Si nosotros, como líderes, pudiéramos, de alguna manera, con la sabiduría y el poder de Dios, aplicar el cincel a nuestra gente –no el bate de béisbol; el cincel– y comenzar a modelarlos, definir lo que ellos son, y comenzar a liberarlos de ese bloque de granito que les ha impedido ser lo que deberían ser, entonces, les haríamos un gran servicio.

¿Cómo puede usted desatar su potencial? He aquí algunas formas de comenzar.

Levante la mirada. Lo primero es levantar la mirada y buscar un modelo, alguien que esté haciendo las cosas mejor que usted. ¿Hay alguna persona que utiliza más de su potencial ahora que antes, porque lo conoce a usted? ¿Se le ocurre algo mejor que hacer por otra persona, como padre, empleador o pastor, que ayudarle a desatar su potencial, y ser un modelo para ella? Nada puede ser más desafiante que ser una persona a la que otros observan para imitarla.

Lo que necesitamos es encontrar a alguien un poco más grande y un poco mejor que nosotros, y pasar tiempo con esa persona. Permítame darle un ejemplo. Yo suelo jugar al frontón con un colega que juega muy bien; en realidad, es mejor que yo, y siempre gana el primer juego. El hecho de que él sea mejor que yo me desafía, así que yo me esfuerzo al máximo. Si alguna vez ha jugado con alguien que no juega tan bien como usted, sabe que es fácil que baje su rendimiento. Uno se vuelve perezoso, y la mente divaga. Eso es lo que le pasa a mi colega. Para cuando llegamos al tercer juego, el que gana soy yo. Cuando jugamos con alguien mejor que nosotros, nos esforzamos y crecemos; cuando jugamos con alguien que es inferior, nos empequeñecemos.

Así que si usted quiere desatar su potencial oculto, pase tiempo con personas que lo hagan crecer. Busque a alguien que piense más rápido, corra más rápido y apunte más alto. Esas son las personas que lo harán subir.

Abandone todo. Para alcanzar la plenitud de nuestro potencial, debemos estar listos para abandonar en cualquier momento todo lo que somos, con el fin de recibir aquello que podemos llegar a ser. Muchas personas no comprenden esto. Quieren aferrarse a lo que son, y al mismo tiempo ser todo lo que pueden ser. Pero hay que soltarse.

En la Biblia hay toda clase de hermosas ilustraciones de hombres de Dios que abandonaron algo para elevarse más. Abraham dejó su hogar para buscar un país mejor. Moisés dejó las riquezas de Egipto. David renunció a la seguridad. Juan el Bautista dejó el primer lugar para ser segundo. Pablo abandonó su pasado y dio un giro de 180 grados. Jesús mismo renunció a sus derechos. Y usted descubrirá que también tiene que dejar algo que es bueno, si desea algo mejor.

Nunca encontrará a nadie que logre un gran éxito en su vida, sin haber tenido que abandonar algo. Nada se consigue gratis.

Entusiásmese. Me refiero a lo que quería expresar Phillips Brooks, cuando dijo: "Triste es el día en que un hombre llega a estar completamente satisfecho con la vida que vive, con lo que piensa y lo que hace; en el que cesa de golpear continuamente a la puerta de su corazón un deseo de hacer algo más grande, de buscar aquello que es el objetivo de su vida".

Enfrente los desafíos. Nada lo ayudará más a alcanzar su potencial que enfrentar los desafíos de su vida. Algunas personas nunca llegan a ser todo lo que pueden ser porque cuando ven que se acerca un desafío, no se presentan a enfrentarlo. Cierran la puerta y se esconden en un rincón, mientras otra persona lo enfrenta. No deje intimidarse por los desafíos; recíbalos de frente.

Elévese. Si levantamos la mirada y buscamos a alguien que alcanza su máximo potencial, si abandonamos cualquier cosa que sea obstáculo para que lleguemos a ser lo mejor posible, si enfrentamos nuestros desafíos sin temor, entonces nos elevaremos. Nos elevaremos a lo más alto de nuestro potencial; pero solo después de haber pasado por todas las etapas anteriores.

Comprométase con el plan de Dios

Ted Engstrom dijo: "Éxito significa que una persona alcanza el máximo potencial disponible para ella en un momento determinado".

Si el éxito es lo que dice Ted Engstrom (desarrollar al máximo nuestro potencial y hacer el mejor uso posible de él), ¿no deberían ser los cristianos más exitosos que los no cristianos? El poder que Dios da a los creyentes llenos del Espíritu debería hacer un mundo de diferencia entre ellos y los que no son creyentes. "*El que está en ustedes es más poderoso que el que está en el mundo*" (1 Juan 4:4). "*Todo lo puedo en Cristo que me fortalece*" (Filipenses 4:13). Tenemos todo esto por medio del poder del Espíritu de Dios, que debería permitirnos vivir en un plano más elevado.

¿Cómo descubro el plan de Dios para mi vida? ¿Cómo puedo comprometerme con el plan de Dios? Hay siete preguntas que debemos formularnos.

- *¿Estoy consagrado a él?* Romanos 12:1-2 dice que tenemos que estar consagrados a Dios para poder conocer su plan.
- *¿Estoy pasando tiempo con él?* Descubro el plan de Dios cuando paso tiempo conociendo a Dios. Cuanto más íntima sea mi relación con Dios, más conoceré de su plan para mi vida.

- *¿Cuáles son mis dones?* La mayoría de las veces, el plan de Dios encaja perfectamente con los dones que Él nos ha dado.
- *¿Cuáles son mis deseos?* He descubierto que nuestros deseos y nuestros dones también encajan. Los dones que Dios nos da muchas veces se ponen en práctica a través de nuestros deseos.
- *¿Qué dicen mis amigos cristianos?* ¿Cuáles son, según ellos, mis fortalezas y mis debilidades?
- *¿Cuáles son mis oportunidades?* ¿Qué tengo delante de mí, que Dios quizá me pone como puerta abierta para atravesar?
- *¿Estoy actualmente en el ministerio?* Es sorprendente cuántas personas quieren conocer el plan de Dios para sus vidas, pero no hacen nada. Si usted realmente desea saber cuál es el plan de Dios para su vida, haga algo. Dios trabaja a través de las personas que se mantienen ocupadas. Comprométase con el plan de Dios.

Defina su curso

Esto se refiere a la planificación. Es mejor mirar adelante y prepararse, que mirar hacia atrás y lamentarse.

Un pasajero hablaba con el capitán del *Queen Mary* durante un crucero por el océano, y le preguntó: "¿Cuánto tiempo le llevaría detener este barco?" El capitán respondió: "Si apago todos los motores, me llevaría poco más de una milla detener por completo el barco". Y agregó: "Un buen capitán piensa con una milla de anticipación, por lo menos".

Leí Proverbios en la versión parafraseada de la Biblia ("La Biblia al Día"), y encontré algunos versículos que tienen que ver con planificar:

Debemos hacer planes, confiando en que Dios nos dirija (Proverbios 16:9).
La falta de consejeros frustra los planes; la abundancia de consejeros los lleva al éxito (Proverbios 15:22).
Hay peligro y pecado en lanzarse apresuradamente a lo desconocido (Proverbios 19:2).
El hombre sensato se anticipa a los problemas y se prepara para enfrentárseles. El simple no prevé y sufre las consecuencias (Proverbios 27:12).
Toda empresa tiene por fundamento planes sensatos, se fortalece mediante el sentido común, y prospera manteniéndose al día en todo (Proverbios 24.3-4).

Planee con anticipación, defina el curso que seguirá, y si tiene a Dios por compañero, haga grandes planes.

HABRÁ PROBLEMAS

Paul Harvey dijo: "Es fácil darnos cuenta si estamos en el camino del éxito... es todo cuesta arriba". Si usted encuentra un camino que no tenga problemas, pronto descubrirá que no lleva a ninguna parte.

Yo suelo hablarles a los líderes del "nivel subterráneo". Se trata del nivel de la vida del cual es difícil despegar. Sucede en iglesias, organizaciones y en la vida particular. ¿Alguna vez ha sentido que no lograba ningún progreso, como si se golpeara la cabeza contra una pared? Tenemos que hacer una explosión extra de esfuerzo para atravesar esos niveles que nos impiden ser lo que Dios desea que lleguemos a ser. Hay dos maneras de enfrentar los problemas, dos maneras de atravesar esos "niveles subterráneos". Una es *cambiar el problema.* Esta es una solución temporaria y parcial. Podemos tratar de hacer que el problema sea más manejable, pero mañana volverá a escaparse de nuestras manos.

La forma más efectiva de vencer nuestros problemas es *cambiar la persona.* La adversidad no es nuestro mayor enemigo. El espíritu humano es capaz de gran resistencia y de echar mano de muchos recursos cuando debe enfrentar la adversidad. No son los problemas los que nos complican. Alguien dijo: "Haz de un hombre un inválido, y tendrás a un Sir Walter Scott; enciérralo en una prisión, y tendrás a Juan Bunyan; entiérralo en la nieve de Valley Forge y tendrás a George Washington; hazlo crecer en medio de la pobreza y tendrás a Abraham Lincoln; castígalo con una parálisis infantil y se convertirá en Franklin D. Roosevelt. Quémalo tan severamente que los médicos digan que nunca podrá volver a caminar, y tendrás a Glen Cunningham, que marcó el récord mundial de una milla en un minuto en 1934. Ensordécelo, y tendrás a Ludwig van Beethoven; llámalo lento para aprender, retardado, ineducable, y tendrás a Albert Einstein".

MANTÉNGASE FIRME EN SU COMPROMISO

La Palabra de Dios nos alienta, en 1 Corintios 15:58: "*Por lo tanto, mis queridos hermanos, manténgase firmes e inconmovibles, progresando siempre en la obra del Señor, conscientes de que su trabajo en el Señor no es en vano*". Alguien le preguntó a James Corbett, el campeón de boxeo de pesos pesados en ese momento, qué era necesario para ser campeón, y él respondió: "Pelear un round más". Cuando le preguntaron cómo había logrado tanto éxito con sus inventos, Thomas Edison dijo: "Yo comienzo donde los otros dejan". Napoleon Hill, en su libro *Think and Grow Rich* (Hágase rico pensando), dice que luego de estudiar a 500 de los hombres más ricos del mundo, llegó a la conclusión de que todos los hombres ricos son persistentes. Cuando Winston Churchill regresó a la universidad donde había estudiado, pero esta vez como orador, el público esperaba un gran discurso del primer ministro. Churchill se puso en pie delante del auditorio y dijo ocho palabras: "Nunca, nunca, nunca, nunca, se den por vencidos". Eso fue todo; esas ocho palabras fueron el discurso. Y es, probablemente, su discurso más recordado. Manténgase firme en su compromiso. No sea de los que abandonan.

ENTREGUE TODO A JESUCRISTO

Nunca olvide que aunque usted puede tener un éxito que supere todos sus más caros deseos, esperanzas y expectativas, nunca tendrá éxito fuera del propósito al cual esté dispuesto a entregarse. Busque primero el reino de Dios y su justicia, y todas estas otras cosas le serán añadidas (Mateo 6:33).

El secreto de la vida entregada a Dios es darle a Él la primera parte de cada día, el primer día de cada semana, la primera porción de sus ingresos, la primera consideración en cada decisión, y el primer lugar en todo en su vida. Cuando nos entregamos a Él, tenemos un poder que realmente es la culminación de la fórmula para el éxito. La entrega es lo que nos da poder. Luchamos por el poder, y lo perdemos; nos entregamos, y lo encontramos.

Jesucristo no solo nos ha mostrado lo que es una vida justa (muchos grandes y buenos hombres y mujeres lo hicieron antes que Él), sino que nos ha dado el poder para vivir esa vida justa. No solo nos muestra la belleza de Dios, como lo han hecho otros, sino que nos da los medios para convertirnos en parte de esa belleza. Podemos aprender el poder de entregarnos cada hora de nuestra vida al Cristo viviente. El cambio en nuestras vidas no se produce como consecuencia de nuestras tensas manipulaciones. Es producido por la radiante, inconmensurable energía de Cristo, que nunca ha abandonado al mundo desde que le dijo que sí por primera vez a Dios. Su "sí" fue completo; no se guardó nada para Él mismo.

Como dice Flora Slosson Wuellner: "No hay nada tan trágicamente inefectivo como tratar de vivir la vida cristiana sin el poder de Cristo. Intenta dar la otra mejilla sin usar las armas espirituales del poder de Cristo para amar, y verás qué situación tan destructiva se produce. Trata de caminar la segunda milla por tu prójimo sin recorrer todo el camino necesario para rendirte ante Cristo, y verás el daño que has hecho tanto a la personalidad de tu prójimo como a la tuya propia. Intenta amar y orar sin cesar sin acercarte diariamente al agua viva de Cristo, y verás cuán rápidamente tu fuente personal se seca". Entréguese a Jesucristo.

"Éxito" es una palabra que suele ser muy mal interpretada, y necesitamos comprender lo que significa bíblicamente ser un éxito: amar a Dios con todo nuestro corazón, nuestra mente, nuestra alma y nuestras fuerzas; permitir que Él desate el potencial aprisionado en nuestra vida; señalar para nosotros mismos metas agradables a Dios, y no contentarnos con algo inferior, cuando comprendemos que Dios dio todo lo que podía dar para que nosotros pudiéramos tener lo mejor de la vida; y comprender que uno de los peores pecados que podemos cometer contra Dios es no alcanzar la plenitud del potencial que Él ha puesto en nosotros.

ESTÍRESE PARA ALCANZAR EL ÉXITO

Las banditas elásticas vienen en diferentes tamaños y colores y diferentes formas, pero todas se basan en el mismo principio: hay que estirarlas para que sirvan. Como las banditas elásticas, nuestras personalidades, talentos y dones son diferentes; y también, de la misma forma, no somos efectivos si no nos "estiramos", si no nos extendemos. Si usted no se extiende en su andar personal con el Señor y en sus capacidades de liderazgo, no podrá ser tan efectivo para el reino de Dios como realmente necesita serlo.

Leonard Ravenhill relata que un grupo de turistas estaban en una aldea en Europa, y uno de ellos le preguntó a un anciano aldeano: "¿Ha nacido algún gran hombre en esta aldea?" El anciano respondió: "No, señor, aquí solo nacen bebés". Toda persona que alguna vez ha logrado algo debió "estirarse" para lograrlo. No existe la persona que se haya "hecho sola". No hay ninguna persona que haya llegado al mundo totalmente equipada para lograr el éxito. Toda persona que ha llegado alguna vez a la cima, toda persona que ha logrado algo para Dios, toda persona que ha sido efectiva, ha aprendido a extenderse para crecer. Uno de los errores más comunes, y uno de los más costosos, es pensar que el éxito se debe a alguna genialidad, a alguna especie de magia o cosa semejante, que nosotros no poseemos. El éxito se debe a que nos extendemos ante los desafíos de la vida. El fracaso se produce cuando nos empequeñecemos ante ellos. No existe ningún hombre que haya nacido siendo grande.

¿Por qué no nos extendemos?

Yo diría que un 95% de nosotros trata de evitar "estirarse". Cuando nos enfrentamos con algo que es más grande que nosotros, tendemos a retirarnos. ¿Qué es lo que nos impide extendernos y crecer? ¿Por qué evitamos estas experiencias que nos obligan a estirarnos?

El *temor* seguramente es la razón número uno. Lo desconocido que nos espera puede llegar a paralizarnos. Otra razón es que nos sentimos *satisfechos.* ¿Para qué esforzarnos? Nos gusta donde estamos; ya tenemos todo. O quizá hay un toque de *pereza* en nosotros. Hay momentos en que no tenemos deseos de esforzarnos. He descubierto que la *autoestima* tiene mucho que ver con la disposición de una persona a "estirarse". Muchas personas que tienen baja autoestima tienen capacidades superiores al promedio; solo que no se ven a sí mismas bajo la luz adecuada. Algunos de nosotros no queremos ser *diferentes.* Si nos extendemos, ya no somos comunes. Estirarse es salir de la sincronía con muchos de nuestros amigos y conocidos.

Quisiera que usted ahora deje este libro por unos minutos y se evalúe a sí mismo. Pregúntese por qué no está siempre extendiéndose. Tome unos cinco minutos para mirar en su interior y sea honesto a medida que siente que Dios le revela las razones por las que usted se contenta con su situación. Si tratamos de evitar "estirarnos", debemos comenzar a reorganizarnos de manera que podamos llegar a ser efectivos y útiles en nuestro ministerio y nuestro liderazgo.

MOTIVADOS PARA EXTENDERNOS

La mayoría de nosotros necesitamos estar motivados antes de estirarnos. No es algo que se produzca naturalmente. Tenemos que aprender cómo estirarnos y motivarnos a nosotros mismos, pero también tenemos que aprender cómo motivar a los demás, y ayudarlos a alcanzar su potencial.

Uno de mis héroes de la época actual es el "Oso" Bryant, que fue entrenador del equipo *Crimson Tide* de Alabama durante muchos años, y que tuvo durante muchos años el récord de ser el entrenador de fútbol americano no profesional con más partidos ganados. Bryant era un entrenador extraordinario y un tremendo motivador. Sus jugadores sabían que sería mejor que jugaran bien. Se cuenta la historia de que durante un partido muy importante, su equipo ganaba por seis puntos cuando solo quedaba un minuto de juego, y ellos tenían la pelota. Parecía que ya estaba todo definido. El entrenador le indicó a un jugador que corriera con la pelota, pero en lugar de esto, el muchacho decidió sorprender al otro equipo (¡y al entrenador!) e hizo un pase. Se dijo: "Ellos esperan que corra con la pelota; veamos cómo reaccionan si hago un pase". Así que retrocedió y lanzó un pase... y naturalmente, el defensor del equipo contrario, que era el más veloz de la liga, interceptó el pase y corrió con la pelota hacia el campo de Alabama. Alabama estaba ahora a punto de perder el partido. El jugador que había intentado el pase, que tenía muy buen brazo para los pases pero no era demasiado veloz, salió disparado detrás del defensor contrario y lo atrapó justo antes de que convirtiera el tanto. Así salvó el juego, y Alabama ganó. El entrenador del otro equipo fue a ver a Bryant después del partido y le dijo: "Yo pensaba que tu jugador era lento... ¿Cómo hizo para atrapar a mi defensor, que es campeón de velocidad?" Bryant lo miró y le dijo: "Tienes que comprender... tu jugador corría para ganar seis puntos. Mi jugador corría para no perder la vida".

Algunos de nosotros tenemos que encontrarnos en peligro de perder la vida para vernos motivados a estirarnos. ¿Qué lo motiva a usted? ¿Qué lo hace esforzarse al máximo para la gloria de Dios? Piénselo durante unos minutos. Para algunas personas, el desafío en sí es estimulante. Para otras, la motivación es que están insatisfechas con su situación actual. También puede ser que nos motiven los éxitos anteriores.

Una de las cosas que me ayudan a estirarme es un compromiso público, una meta pública. He descubierto que cuando les digo a otros lo que quiero hacer, realmente me ayuda a mantenerme firme. Esas personas pueden recordarme el compromiso que he asumido, y controlar si avanzo o no.

A John F. Kennedy le encantaba contar historias acerca de su abuelo, Fitzgerald. Cuando este era un niño y vivía en Irlanda, solía caminar cuando regresaba a su casa de la escuela, junto con un grupo de compañeros suyos. Había una serie de altas cercas de piedra con puntas afiladas. Eran bastante difíciles de trepar, y algunas de ellas tenían más de tres metros de altura, así que era algo peligroso intentarlo. Como aventureros que eran, los niños siempre querían pasar al otro lado de las cercas, pero tenían temor de lastimarse. Un día, cuando regresaban a casa de la escuela, Fitzgerald tomó su gorra y la lanzó por sobre la cerca. En el momento que la arrojó, supo que tenía que subir para recuperarla, porque no se atrevía a ir a su casa sin su gorra, para no ser castigado. Arrojar la gorra al otro lado de la pared nos obliga a estirarnos para hacer algo que normalmente no haríamos. Lo animo a que comience a arrojar la gorra por sobre la pared.

VULNERABLES

La mayoría de las personas se vuelven vulnerables cuando se estiran. Cuando una bandita elástica se estira mucho, es más fácil de romperse. Un hombre que camina erguido sobre una cuerda floja está en una posición muy precaria. Si lo empujamos un poco, podemos sacarlo limpiamente de su curso. Todos sus músculos, todas sus fibras, toda su energía, apuntan a la meta, lo cual lo hace vulnerable.

Si usted no se estira, está en una posición mucho mejor para defenderse; sus músculos están naturalmente a la defensiva. Aunque la mayoría de las personas cuando comienza su vida se estira, pronto descubren que esta posición los deja abiertos a los ataques, así que comienzan a retirarse. Comienzan a relacionar estiramiento con dolor. No mucho después, ya no están dispuestos a estirarse.

Quienes continúan estirándose pronto descubrirán que son vulnerables a las críticas. Lamentablemente, el camino hacia el éxito está lleno de personas que critican. Están listas, esperan para señalar cuán imperfectamente hacen otras personas lo que ellas mismas no pueden o no quieren hacer.

Jonas Salk, que desarrolló la vacuna contra la polio, era atacado continuamente por su creativa y original labor en el campo médico. Salk descubrió que las críticas venían en tres etapas. La primera es cuando la gente nos dice que estamos equivocados: "no va a funcionar". Después que ven que conseguimos un cierto éxito, dicen que en realidad, lo que hacemos no es tan importante. Finalmente, cuando ven que sí es importante, dirán que siempre supieron que lo lograríamos. Si usted se estira, la mejor defensa ante estas críticas es el fruto de su labor. No sienta que tiene que salir de su estiramiento para defenderse. Simplemente produzca fruto. Los que reconocen el fruto lo apreciarán, y los que no lo reconocen, lo criticarán ya sea que produzca algo o no.

También somos vulnerables a los malentendidos. Muchas veces, las personas cuyos propios motivos son equivocados, se sienten amenazadas por nosotros, si nos estiramos para lograr lo mejor. Estas personas reaccionan y cuestionan la validez de nuestros motivos, nos acusan de que nuestros esfuerzos están motivados por algún propósito impuro.

No solo somos vulnerables a las reacciones de los demás, sino que podemos ser vulnerables a nosotros mismos. Muchas veces somos más duros con nosotros mismos que con los demás. Si no tenemos metas, no reconoceremos el fracaso; pero si nos estiramos para lograr el éxito, de vez en cuando fallaremos. Necesitamos aprender a manejar esto. No permita jamás que el fracaso sea definitivo. Recuerde que el desaliento es el compañero del fracaso. La mejor manera de apartarnos del desaliento es rodearnos de personas que nos alienten. Busque un amigo que realmente comprenda el valor de reafirmarlo, que realmente crea en usted. ¿Sabe cuál es la mejor manera de rodearse de personas alentadoras? Aliente usted a los demás.

Hemos hablado de las críticas, los malos entendidos, los fracasos y el desaliento. Dedique unos cinco minutos para evaluarse a sí mismo: ¿a qué es vulnerable?

La necesidad de reafirmación

El momento en que es más necesario reafirmar a los demás, es cuando se estiran. Si usted desea alentar a un amigo, aliéntelo cuando sale al campo y se estira. Hay muchas personas que alientan a sus amigos cuando ya es tarde. Creo que hay momentos en que tenemos miedo de alentar a los que se arriesgan, porque al hacerlo nos identificamos con ellos; subimos con ellos a la rama del árbol. Si ellos fallan, nosotros también fallamos. Pero recuerde que hasta una lápida puede decir cosas buenas de una persona cuando esta ya ha muerto. No sea una lápida; *brinde su aliento a tiempo.*

Hágalo con frecuencia. No espere que su amigo gane la carrera; aliéntelo en cada paso que dé hacia adelante. *Hágalo inmediatamente.* El efecto de una palabra alentadora pierde fuerza a medida que pasa el tiempo. Si usted ve que su amigo comienza a decaer, bríndele una palabra de aliento inmediatamente, antes que su deslizamiento se convierta en una caída libre. *Hágalo personalmente*, y no tema alentar a alguien delante de otras personas. Nada es más alentador que recibir un elogio sincero delante de nuestros pares.

Nunca dejamos de estirarnos

La mayoría de las personas no llega a aprender que nunca dejamos de estirarnos. Tenemos un patrón de estirarnos y descansar, estirarnos y descansar. Entiendo que es necesaria cierta recuperación y restauración, pero el problema es que la mayoría de las personas se estiran un poco y descansan mucho. Pronto adoptan una mentalidad de vacaciones, una mentalidad de "jubilación".

Muchas personas dejan de aprender porque se han convencido de que uno termina sus doce años de estudios en la escuela, después va a la universidad cuatro o cinco años y ahí termina su educación. Pero en realidad, una buena educación solo nos prepara para estirarnos y aprender durante el resto de nuestras vidas. También están los que dejan de intentarlo porque han tenido malas experiencias en el pasado. Dicen: "Ya intenté esto antes", o "Ya lo hice". Así permiten que un fracaso opaque todas sus capacidades.

Cuando dejamos de estirarnos, nos volvemos *aburridos.* Nada me aburre más que una persona que no ha tenido ni un pensamiento nuevo en un año. Me aburren mortalmente. Por eso creo que es tan importante que continuemos estirándonos en todas las áreas de nuestras vidas.

El otro día, mi padre, que está jubilado y vive en Florida, me llamó y me dijo: "Hijo, quiero decirte que tengo una vida emocionante. Tengo más trabajo que nunca antes en mi vida. Tengo programadas más reuniones; viajo más. Mi correspondencia ha crecido tanto que tengo que contratar una secretaria. La vida no es aburrida en lo más mínimo; ¡he estado tan ocupado!" Mi papá tiene poco más de sesenta años, y no tengo dudas de que pasará los ochenta con ese mismo entusiasmo por la vida. Está decidido a vivir hasta que muera.

¿Por qué las personas dejan de estirarse? Voy a darle cinco razones, muy brevemente. La primera es que se han rodeado de personas que están aburridas y aburren a los demás. Si usted quiere que su sangre siga fluyendo, permanezca cerca de personas que se vean llenas de vida. Esa es la razón por la que tantos ancianos mueren poco después de entrar a un asilo donde no tienen nada para hacer. Cuando repentinamente se dan cuenta de que lo único que pueden hacer en su vida es observar la puesta del Sol, están en problemas. Ellos también entrarán en el ocaso.

Número dos: cuando el trabajo deja de ser un desafío. Para

muchas personas, el trabajo no es más que una línea de ensamble, y por lo tanto, se vuelve automático. Por eso siempre necesitamos metas nuevas, nuevas visiones o nuevos sueños.

Muchas personas dejan de estirarse porque han aprendido que para sobrevivir deben tomar atajos. Nada es más dañino para el crecimiento que conformarse con algo que no es lo mejor. Hay una gran diferencia entre "tomar un atajo" y trabajar en forma inteligente. Todos queremos trabajar inteligentemente; esto hace que seamos más efectivos, con menor esfuerzo. Tomar un atajo no solo requiere menos esfuerzo, sino que también nos hace menos efectivos. Así que no hablo de no trabajar en forma inteligente, es decir, definir nuestras prioridades y organizar nuestro trabajo para hacerlo más rápidamente. Hablo de conformarnos con algo menos que lo mejor.

He descubierto que muchos pastores aprenden poco después de comenzar su carrera, que pueden simplemente abrir la Biblia, estudiar un poco el texto, y salir a "dibujar" un mensaje. Dejan de tomarse el tiempo necesario para escribir los sermones y asegurarse de que tengan cierta profundidad. Conozco muchos pastores que tienen que cambiar de iglesia cada tres años porque han usado todos sus materiales; han tomado atajos durante toda su vida, y se olvidaron de estudiar.

Muchas veces dejamos de estirarnos porque basamos nuestro valor en las relaciones, no en nuestros recursos. El matrimonio es un ejemplo. Si después de casarnos nos estiráramos tanto para hacer feliz a nuestro cónyuge, como lo hacemos antes de casarnos, no tendríamos problemas matrimoniales. Después del casamiento, suponemos que nuestro cónyuge nos amará simplemente porque estamos casados. Así que dejamos de estirarnos, y nuestro matrimonio deja de crecer.

Permítame aplicar este ejemplo a otra área: el trabajo. He conocido personas que comienzan en un nuevo trabajo y se esfuerzan mucho durante los primeros seis meses. Después se hacen amigos del jefe y comienzan a dejarse estar. Piensan, equivocadamente, que esa relación significa que ya no tienen que hacer un uso tan intensivo de sus recursos. Dejan de estirarse.

SU MEJOR MOMENTO

Al mirar hacia atrás, la mayoría de las personas descubre que sus experiencias de "estiramiento" son los mejores momentos de su vida. ¿Por qué? *Porque crecer nos hace felices.* Las personas más felices del mundo son las personas que crecen.

En nuestra sociedad, tenemos muchas expectativas falsas con respecto a la felicidad. Estamos "enfermos por llegar". La gente cree que cuando llegue a cierto punto, será feliz. Cuando se jubile, cuando se libre de este trabajo, cuando haga ese viaje, cuando llegue a esa meta... entonces será feliz. Estas personas tienen metas, y no hay nada de malo con trabajar para lograr una meta; pero no han aprendido a disfrutar el viaje tanto como la llegada. Los momentos más felices de nuestras vidas son los que vivimos en el camino, no al final del viaje.

Hay otra expectativa falsa con relación a la felicidad, que es lo que yo llamo "la enfermedad del alguien". Es cuando decimos: "Si pudiera conocer a esa persona; si pudiera casarme con esa mujer, sería feliz". Pero la única persona que puede hacerlo feliz a usted, es usted mismo. Nadie puede llevarle felicidad a alguien que se siente deprimido. Cuando comenzamos a aceptar la responsabilidad por nuestra propia felicidad y comprendemos que es a través del crecimiento, de las experiencias que nos hacen crecer (aunque sean dolorosas), que llegamos a ser felices, entonces realmente alcanzamos nuestro destino.

Otra falsa expectativa en cuanto a la felicidad es lo que llamo "llorar por el pasado". Es la aflicción de aquellos que siempre hablan de los tiempos de oro pasados. Hablan del pasado, que sin duda siempre fue mejor que el presente. Ven solo las cosas buenas, y no recuerdan, ni desean recordar, los malos momentos. Como dice el dicho: "Si los lamentos fueran regalos, todos pasaríamos una hermosa Navidad".

Una última expectativa falsa con respecto a la felicidad es la "plaga de la falta de problemas". Hay muchas personas que quieren vivir en una sociedad libre de problemas, y esa expectativa es una plaga. Dicen: "Ah, si no tuviera problemas, sería feliz". ¡No, no, no! Los problemas no tienen nada que ver con su felicidad. En realidad, en sus períodos de "estiramiento", probablemente usted tenga más problemas que en cualquier otro momento, pero serán los mejores días de su vida.

INSPIRACIÓN

Pocas personas se estiran durante toda su vida, pero esas pocas personas son una inspiración para todos. Hay algo en nosotros que hace que nos emocione ver un hombre o una mujer cuando intenta algo heroico. El pionero, el empresario independiente exitoso, el atleta victorioso, nos hablan de la capacidad del espíritu humano para obtener logros monumentales cuando se tiene la motivación correcta. Hacemos nuestros sus logros, y encontramos esperanza para nuestras vidas a través de ellos. Lo que necesitamos es convertirnos en personas que inspiren a los demás, y la única forma en que podremos hacerlo es arrojar la gorra por sobre la pared. Cuando los demás nos vean subir a la cerca, ellos también comenzarán a subir sus propias cercas.

A principios de este siglo, Charles Lindbergh mantuvo en suspenso al mundo con el primer vuelo sobre el Atlántico. En su relato, dice que mientras volaba por los Estados Unidos, sobre Canadá y Newfoundland, miraba hacia abajo y veía lugares donde podría aterrizar si había algún problema. Pero llegó un momento en que al mirar hacia abajo, lo único que podía ver era el Océano Atlántico. "Fue en ese momento que comprendí que no había forma de volver atrás; no había lugar donde aterrizar." Charles Lindbergh había arrojado su gorra por sobre la cerca, y con ello se convirtió en una inspiración para nosotros. Él se estiró.

PÓNGALO EN PRÁCTICA

Pasemos a la aplicación práctica de esta lección. ¿Cómo podemos estirarnos para llegar al éxito? *Descubra su potencial.* Acérquese a alguien que crea en usted. El descubrimiento siempre se produce en un ambiente alentador. Busque a alguien que le ayude a descubrir quién es usted y qué puede hacer. Haga algo que disfrute. Siento tristeza por las personas que trabajan en empleos que no disfrutan y viven en lugares que no les agradan. Si no le agrada el lugar donde vive, y no le gusta su trabajo, ¿por qué no cambia de trabajo y se muda a otro lugar? Descubra su potencial, haga algo que disfrute. Después, quite los "si pudiera..." de su vida. Mientras diga "si pudiera...": "Si pudiera estar allí, si pudiera hacer esto, si pudiera ser aquello...", nunca descubrirá su verdadero potencial, porque siempre se excusará por lo que es.

Dedique su potencial. Entregue sus motivos a Dios. Si Él tiene sus motivos, tiene todo. Dedique su potencial, dé lo mejor a los demás.

Desarrolle su potencial. Usted puede desarrollar su potencial si comienza a aceptar su responsabilidad personal. Después, recuerde que Dios está interesado en su desarrollo. Dios está más interesado en su desarrollo que en sus errores. Olvide sus errores, y comience a desarrollarse. *Nunca* limite su potencial. No se subestime. Hace cincuenta años, Johnny Weismüller era el más grande nadador de todos los tiempos. Hoy, niñas de trece años rompen los records que él estableció en cualquier competencia de natación. No limite su potencial.

VISIÓN PARA LA VICTORIA

Cierta vez le preguntaron a Hellen Keller qué sería peor que ser ciego de nacimiento. Ella respondió inmediatamente: "Tener vista y no tener visión". He descubierto que si les preguntamos a personas de éxito qué les ha ayudado a llegar adonde están en la vida, invariablemente hablan de una meta, un sueño, una misión, un propósito; algo los ha motivado durante años para que llegaran a ser lo que finalmente llegaron a ser.

Lo trágico es que nuestro mundo está lleno de lo que yo llamo "hombres superficiales", es decir, personas que ven solo lo inmediato. Solo se esfuerzan por alcanzar aquellas cosas que pueden tocar con sus manos. Van a lo conveniente. Nunca miran más allá de sí mismos, y nunca ven lo que podrían ser. Un hombre superficial puede ser camionero, presidente de un banco o maestro de escuela. Se los encuentra en todas las profesiones. Un hombre superficial es, en realidad, alguien que no tiene profundidad porque no tiene visión. La persona más pobre del mundo no es aquella que no tiene un centavo, sino aquella que no tiene una visión. Si usted no tiene un sueño (una meta y un propósito en su vida), nunca llegará a ser lo que podría ser.

Hay una diferencia marcada entre las personas que tienen éxito y las que no lo tienen: los exitosos son motivados por un sueño que está más allá de ellos. Tienen un sueño más grande que ellos mismos; tienen algo que constantemente los hace estar en movimiento. Está fuera de su alcance, pero ellos creen que si trabajan lo suficiente, algún día tendrán ese sueño en las manos. Esa es una persona exitosa. Los que no tienen éxito solo son motivados por el presente. No piensan en el mañana. No miran más allá de sí mismos. Se aferran con fuerza al presente, sin siquiera pensar lo que el mañana puede depararles.

LAS ETAPAS DE UN SUEÑO

Cuando recibimos una visión que puede cambiar nuestra vida, o nos atrapa un sueño que podría realmente ayudarnos a llegar a ser lo que deseamos ser, se produce una secuencia. Primero está la etapa de *"lo pensé"*. Es cuando un sueño simplemente cruza nuestra mente. "¿Será cierto? Quizá esto es para mí. ¿Qué sucedería si hiciera tal cosa?" Esa es la etapa de "lo pensé". Toda persona pasa por esa etapa. Probablemente no pase una semana sin que soñemos algo. "¿Será para mí? ¿Qué sucedería si hiciera esto?" Después pasamos de la etapa de "lo pensé" a *"lo capté"*. Después de pensar en algunos sueños que tenemos y las visiones que Dios nos da, nos entusiasmamos, y comenzamos a hablar sobre ese sueño y a vernos dentro de él.

Creo que todos pasan por estas dos primeras etapas. Pero la

tercera es la que marca la diferencia entre la persona que tendrá éxito y la que no lo tendrá. Es lo que yo llamo la etapa de "*lo compré*". Después de captar el sueño, hay un momento en que tenemos que pagar un depósito. Llega el tiempo de hacer una inversión en él para que se haga realidad. Ningún sueño se hace realidad automáticamente. Tenemos que comprarlo.

La persona exitosa entra en esa tercera etapa y compra el sueño. Decide pagar el precio. Pero así como la persona exitosa lo compra, la persona que no llegará al éxito lo rechaza. Es en esta etapa que comienza a racionalizar las cosas. Comienza a pensar por qué no funcionaría, por qué no es posible, y comienza a combatir el sueño que quizá Dios le haya dado para alcanzar la plenitud de su potencial. Las personas que no alcanzarán sus sueños se detienen en esta tercera etapa. No compran el sueño; lo combaten, y nunca llegan a ser lo que podrían ser para Dios.

La cuarta etapa es la de "*lo deseé*". Aquí entra el deseo: comenzamos a desearlo tanto que se apodera de cada parte de nuestra vida. Finalmente llega la etapa de "*lo conseguí*". Puedo tocarlo con las manos. Aquí es cuando digo: "Es mío. Estoy feliz de haber pagado el precio. Estoy feliz de haber soñado este sueño".

Yo estaba en la universidad cuando Robert Kennedy murió, y recuerdo cuando esa mañana, uno de mis compañeros vino y me contó que Kennedy había sido asesinado. En los días que siguieron a su muerte, los periódicos hablaban mucho de él. Recorté una cita suya que nunca he olvidado. No estoy seguro de que fuera originalmente suya, pero se dijo de él, y espero que pueda decirse de todos nosotros. "Algunas personas miran las cosas como son, y se preguntan: '¿por qué?' Otras miran las cosas como podrían ser, y dicen: '¿por qué no?'" Hay personas que solo ven lo que está delante de sus ojos, y constantemente se golpean la cabeza contra la pared y se retiran con dolores de cabeza fulminantes. No se dan cuenta de que si se ponen en puntas de pie y miran por encima de esa pared, verán cómo es la vida más allá. Siempre están preguntando: "¿Por qué me sucedió esto a mí? ¿Por qué soy víctima de mis circunstancias? Hay otras personas que han aprendido a mirar más allá de las limitaciones y las barreras. Pueden ver más allá y decir: "¿Por qué no? ¿Por qué esto no me puede pasar a mí?"

Cuando Hubert Humphrey murió, comencé a leer acerca de su vida. Humphrey le escribió una carta a su esposa en 1935, durante su primera visita a Washington, DC. La carta decía: "Veo que algún día, si tú y yo nos esforzamos y nos decidimos a trabajar para cosas mayores, podemos vivir en Washington y probablemente estar en el gobierno, en la política o el servicio. Oh, Dios, espero que mi sueño se haga realidad. Voy a intentarlo, de todas maneras".

Detenido por una visión

Veamos a Pablo. Creo que uno de los ingredientes claves de su vida fue su visión. No sólo vio lo que era, sino también vio lo que la gracia de Dios podía permitirle llegar a ser. Fue esa visión lo que lo mantuvo firme durante todo su ministerio. En Hechos 26:19, cuando se presentó delante del rey Agripa, le dijo: "*Así que, rey Agripa, no fui desobediente a esa visión celestial*". A pesar de todos los problemas que había encontrado en su ministerio, a pesar de lo que iba a sucederle, había sido obediente al sueño que Dios le había dado. La visión que Dios dio a Pablo hizo varias cosas por él. Primero, lo detuvo. Si tenemos un gran sueño, si tenemos una visión que es un desafío para nosotros, nos hará detenernos en seco en medio del camino.

> *En uno de esos viajes iba yo hacia Damasco con la autoridad y la comisión de los jefes de los sacerdotes. A eso del mediodía, oh rey, mientras iba por el camino, vi una luz del cielo, más refulgente que el sol, que con su resplandor nos envolvió a mí y a mis acompañantes. Todos caímos al suelo, y yo oí una voz que me decía en arameo: "Saulo, Saulo, ¿por qué me persigues? ¿Qué sacas con darte cabezazos contra la pared?" Y yo dije: "¿Quién eres, Señor?" "Yo soy Jesús, a quien tú persigues" –me dijo el Señor–* (Hechos 26:12-15).

Nuestras visiones quizá no sean tan profundas. Pocos de nosotros tenemos una experiencia como la del camino a Damasco. Pero, como Pablo, si tenemos una gran visión, nos hará detener en medio del camino y nos permitirá vislumbrar lo que tenemos: el potencial de llegar a ser.

Lo que sucedió en la vida de Pablo puede suceder en nuestras vidas. Cuando nos vemos a nosotros mismos en la forma correcta, suceden dos cosas. Primero, vemos nuestra *posición.* Vemos quiénes somos. Vemos lo que hacemos. Vemos adónde vamos. Esto puede ser desalentador, porque quizá pensemos: "No logro todo lo que quiero lograr; no soy lo que quiero llegar a ser". Pero todas las personas que tienen potencial de grandeza primero tienen que verse como son, y generalmente eso es desalentador. Cuando Pablo vio que había perseguido a los cristianos, cuando vio que había obstaculizado el plan de Dios, cuando vio que había seguido la religión equivocada, sin duda se sintió desanimado. ¿Recuerda que Isaías tuvo una visión de Dios? Y esa visión lo hizo detenerse. Comenzó a verse a sí mismo, y su primer comentario fue: "¡Ay de mí!" En efecto, era como si dijera: "¡Oh! Estoy en problemas. No soy lo que debería ser; no soy lo que Dios quiere que yo llegue a ser" (Isaías 6:5).

Cuando tenemos una visión de Dios, y esta nos hace detenernos, no solo vemos nuestra posición, sino que, gracias a Dios, también vemos nuestro *potencial.* Vemos nuestras posibilidades. La buena noticia es que Dios cree en usted, y no le permitirá que se vea a sí mismo, y a sus problemas, sin ver también su potencial. Él no desea frustrarnos; nos alentará y nos ayudará a ver lo que podemos llegar a ser. Isaías pasó del "¡Ay de mí!" al "*Aquí estoy. ¡Envíame a mí!*" (Isaías 6:8).

A Isaías le sucedieron cinco cosas. Vio a Dios, un Dios santo. Eso lo hizo retroceder. Cuando vemos la santidad de Dios, vemos nuestra propia inmundicia. Segundo, se vio a sí mismo, y vio que así como Dios era santo y perfecto, él estaba necesitado y era imperfecto. Después vio a los demás; miró a las multitudes que lo rodeaban. Vio a Dios, se vio a sí mismo, vio a los demás, y entonces permitió que Dios lo cambiara. En ese punto, uno de los serafines tomó una brasa del altar y la colocó sobre la lengua de Isaías. Dios lo hizo pasar por un proceso de purificación. Quinto, Isaías comenzó a "estirarse". Comenzó a decir: "Bien, Dios, permíteme ser parte de este sueño. Permíteme extenderme y ser lo que tú quieres que yo sea".

El valor de una visión es que nos anima a entregar en cualquier momento todo lo que somos, para poder recibir todo lo que podemos llegar a ser. En otras palabras, una vez que hemos tenido un atisbo de lo que Dios puede hacer de nosotros, nunca estaremos satisfechos con lo que somos ahora. Estaremos dispuestos a soltar todo lo que podría impedirnos hacer realidad esa visión. Probablemente usted recuerde momentos de su vida en que esto le sucedió. ¿Recuerda cuando se enamoró de la persona con la que después se casó? De repente, todos los demás miembros del otro sexo ya no le interesaban. Estaba dispuesto a cambiar a todos ellos por uno solo.

He descubierto que hacemos una de dos cosas en la vida. O pagamos el precio ahora y disfrutamos después, o disfrutamos ahora y pagamos después. Pero siempre hay que pagar el precio. Siempre me sorprende la poca visión de las personas que no están dispuestas a pagar el precio ahora. Algunos tienen poca visión con respecto de sus cuerpos. No están dispuestos a dejar esas cosas placenteras que destruyen sus cuerpos ahora, para poder tener unos buenos años después. Algunas personas tienen escasa visión con respecto a su dinero. No pueden abandonar ninguno de los lujos de hoy a cambio de la seguridad económica en el mañana. Y algunos tienen escasa visión espiritual. Están tan atrapados en los placeres inmediatos que no ven el dolor del mañana; no están dispuestos a entregarse por entero a Dios. Tratan de evitar pagar el precio, pero el precio no desaparece. Podemos pagar hoy y disfrutar de la vida mañana, o disfrutar hoy y pagar mañana, con intereses. No puede evitarse pagar el precio.

Siempre he tenido muy en cuenta mis metas. Por esa razón, aunque Margaret y yo nos pusimos de novios cuando estudiábamos en la escuela secundaria, decidí que no nos casaríamos hasta que yo terminara mi carrera universitaria. Mientras esperaba durante esos cuatro años de estudios, vi cómo muchos de mis amigos se casaban aun cuando estaban en primero o segundo año. Se imaginarán lo que pasó con la mayoría de ellos: bajaron las calificaciones, vinieron los aprietos económicos y se instaló el desánimo. Aun así, ellos me alentaban a casarme. Pero yo recuerdo que pensaba: "Ustedes no quisieron pagar el precio. Yo marcaré mis metas y pagaré lo que debo pagar. Llegará el tiempo en que yo disfrutaré de un matrimonio fantástico, además del fruto de mi ministerio, y ustedes estarán en media de una lucha". Puedo señalar cinco o seis compañeros de la universidad que aún ahora siguen luchando. Vendieron su primogenitura por un plato de guiso. O disfrutamos de la vida ahora y pagamos por ello más tarde, o pagamos por la vida ahora, y gozamos de los frutos más tarde.

Enviado por una visión

La visión que Pablo tuvo lo detuvo, pero también lo envió. Y un sueño dado por Dios nunca se limitará a detenernos, sino que siempre nos enviará a hacer algo. La visión o el sueño que Dios tiene para usted siempre le permitirá tocar otras vidas. Así que Pablo fue detenido, se vio a sí mismo, vio su potencial y luego fue enviado. Después de la visión que detuvo a Pablo, el Señor le habló y le dijo, en otras palabras: "Bien, Pablo, ya te has mirado a ti mismo lo suficiente; ahora ponte de pie."

> *Ahora ponte en pie y escúchame. Me he aparecido a ti con el fin de designarte siervo y testigo de lo que has visto de mí y de lo que te voy a revelar. Te libraré de tu propio pueblo y de los gentiles. Te envío a éstos para que les abras los ojos y se conviertan de las tinieblas a la luz, y del poder de Satanás a Dios, a fin de que, por la fe en mí, reciban el perdón de los pecados y la herencia entre los santificados* (Hechos 26:16-18).

Como en el caso de la visión de Isaías, la visión de Pablo le ayudaría a tocar a los demás. Una visión primero requiere que nos veamos a nosotros mismos, y luego, que veamos a los demás. Ninguna persona tiene éxito en cumplir el sueño de Dios para su vida hasta que ha comenzado a influir en forma positiva en las vidas de quienes lo rodean. Esta es la etapa de "lo compré". Quizá usted lo haya pensado y lo haya captado pero, ¿lo ha comprado? ¿Ha tomado la decisión? Esa decisión implica que usted se involucre en las vidas de las personas.

Recuerdo que en 1972 leí un artículo en la revista *Life*, titulado: "La vida de un hombre que no se arrepiente de haber vivido". Trataba de un hombre de 47 años que a la edad de 15 años se fijó 127 metas específicas en su vida. Para la edad de 47 años había alcanzado 105 de esas metas, y hablaba de que tenía el resto de su vida para alcanzar las 22 restantes. Sus metas lo habían detenido, y después lo habían impulsado. Cambiaron su vida, y las vidas de los que lo rodeaban.

FORTALECIDO POR UNA VISIÓN

Si la visión es dada por Dios, hará que nos detengamos, después nos enviará, y nos fortalecerá. Al hablar delante del rey Agripa, Pablo le relató algunas de las dificultades que había tenido (Hechos 26:19-23). La clave está donde dice que ha tenido la ayuda de Dios. La meta lo fortaleció. Recibimos una visitación de Dios, y luego seguimos nuestra visión para Dios. Él nos visita, viene sobre nosotros, nos da poder y nos fortalece; y nosotros comenzamos a hacer realidad su visión. En 2 Corintios 11:23-28, Pablo escribe acerca de algunos de los problemas que debió soportar. Escribe sobre muchos dolores y encarcelamientos, de haber recibido *"los azotes más severos,* [he estado] *en peligro de muerte repetidas veces".*

> *Cinco veces recibí de los judíos los treinta y nueve azotes. Tres veces me golpearon con varas, una vez me apedrearon, tres veces naufragué, y pasé un día y una noche como náufrago en alta mar. Mi vida ha sido un continuo ir y venir de un sitio a otro; en peligros de ríos, peligros de bandidos, peligros de parte de mis compatriotas, peligros a manos de los gentiles, peligros en la ciudad, peligros en el campo, peligros en el mar y peligros de parte de falsos hermanos. He pasado muchos trabajos y fatigas, y muchas veces me he quedado sin dormir; he sufrido hambre y sed, y muchas veces me he quedado en ayunas; he sufrido fríos y desnudez. Y como si fuera poco, cada día pesa*

sobre mí la preocupación por todas las iglesias.

Ahora bien, ¿qué fue lo que ayudó a Pablo a atravesar todas estas dificultades? Es muy simple. Pablo tenía una visión. La visión marca la diferencia. Cualquier problema es problema cuando no hay propósito. Pero ningún problema es problema cuando hay un propósito. ¡Cuán cierto es esto! Cuando realmente tenemos un sueño, no pensamos en los problemas. Cuando vemos un problema, también vemos un sueño, y el sueño nos ayuda a atravesar el problema.

UNA VISIÓN QUE NOS HACE CRECER

La visión de Pablo hizo que él se extendiera; lo ayudó a ser lo que él nunca hubiera llegado a ser sin ella. Nunca alcanzaremos nuestro potencial a menos que sigamos nuestros sueños, a menos que hagamos realidad nuestra visión.

Cuando yo estaba en cuarto grado, fui por primera vez a un partido de béisbol. Estaba en las gradas, y miraba al campo de juego, donde los jugadores se preparaban para el partido. Ellos hacían su precalentamiento, y nunca olvidaré el momento en que todas las luces se apagaron y se prendió solo un reflector, que iluminaba el centro del estadio. El anuncio del nombre de cada jugador iba precedido por un redoble de tambores. Entonces el jugador corría y se colocaba bajo la luz del reflector, mientras tronaban los aplausos. Totalmente fascinado, me volví hacia mi hermano, Larry, y le dije: "¡Llegará el día en que van a hacer eso cuando digan mi nombre!" Después del partido fui a casa y anuncié formalmente que tenía intenciones de convertirme en jugador de básquetbol.

La meta de llegar a ser jugador de básquetbol me consumía. Mi padre hizo un piso de cemento, puso un aro, me consiguió la mejor pelota, y comencé a jugar al básquetbol en cuarto grado. Cuando llegué a quinto grado, me inicié en la liga menor.

Algunas veces íbamos al gimnasio de esa misma escuela a jugar partidos interescolares. La primera vez que caminé por el piso de ese gimnasio, y miré a mi alrededor como solo puede hacerlo un niño de quinto grado, comencé a revivir en mi mente aquella visión. Me veía en la fila, listo para entrar. Me sentaba donde había visto que se sentaban los grandes jugadores de la escuela secundaria, y cerraba los ojos para apagar con mi imaginación las luces del gimnasio y escuchar el redoble de tambores en mi mente, mientras yo corría hacia el medio del campo y me quedaba allí, como lo habían hecho aquellos muchachos. Todos los demás niños me miraban, se preguntaban qué me sucedía. Yo simplemente revivía mi sueño.

Nunca olvidaré la noche, en mi primer año de la escuela secundaria, cuando el entrenador, me dijo: "Tú saldrás primero esta noche", y se apagaron las luces. Ese sueño hizo que yo me esforzara por crecer. Con buen tiempo o mal tiempo, jugaba al básquetbol; siempre me veía como lo que podía llegar a ser. Eso es lo que hace una visión por nosotros.

Hay una diferencia entre el soñador y aquel que tiene un sueño. Hay miles y miles de soñadores, pero hay muy pocas personas que tienen un sueño; y hay un mundo de diferencia entre ellos. Los soñadores hablan mucho pero hacen muy poco. Quizá se despierten llenos de sueños e ideas, pero nunca los vemos convertidos en realidad. No tienen disciplina. Por el otro lado, la persona que tiene un sueño habla poco y hace mucho. Quizá no nos cuente nada de su sueño, pero si lo observamos, veremos cómo se hace realidad. Esta clase de persona es motivada por su sueño.

SATISFACCIÓN GARANTIZADA

Veamos qué le sucedió a Pablo en quinto lugar. Su visión, es decir, su sueño, lo satisfizo. Cuando se presentó delante del rey Agripa, fue con un cierto sentido de satisfacción que le dijo: "*No fui desobediente a esa visión celestial*" (Hechos 26:19). Pablo estaba muy satisfecho de haber sido obediente, de haber seguido su sueño.

Una de las montañas de los Alpes que más alpinistas desean subir, tiene un refugio a mitad de camino. Ahora bien, a un principiante, llegar de la base hasta la cima le lleva un día entero. Si comienzan temprano por la mañana, aproximadamente a mediodía llegan al refugio. A lo largo de los años, el dueño del refugio ha observado un interesante fenómeno que se repite. Cuando los escaladores llegan al refugio, donde sienten el calor del fuego y huelen la deliciosa comida que se prepara, muchos ceden a la tentación. Les dicen a sus compañeros: "Saben, creo que yo me quedaré a esperarlos aquí, mientras ustedes siguen hasta la cima. Cuando vuelvan, me uniré a ustedes y terminaremos el descenso juntos".

Con gran satisfacción, estas personas se sientan junto al fuego o tocan el piano y cantan canciones de alpinistas. Mientras tanto, el resto del grupo reúne sus aparejos y sigue subiendo. Durante las siguientes dos horas, hay un espíritu festivo en el grupo alrededor del fuego; pasan un muy buen momento en el abrigado refugio. Pero aproximadamente a eso de las 15:30, comienza a hacerse silencio. Empiezan a turnarse para acercarse a la ventana, y miran a la cima de la montaña. En silencio, observan cómo sus compañeros llegan a la cima. La atmósfera de la casa ha cambiado, y lo que era divertido ahora es callado como un funeral, a medida que ellos se dan cuenta de que se conformaron con menos de lo que habían soñado. Los que pagaron el precio alcanzaron la cima.

¿Qué sucedió? La comodidad temporaria del refugio hizo que perdieran de vista su propósito. Puede sucederle a cualquiera. ¿Acaso no tenemos todos esos pequeños lugares de refugio en nuestras vidas, donde podemos retirarnos del ascenso... y perder de vista nuestras metas?

¿Quiénes son las personas más felices del mundo? ¿Los jóvenes? ¿Los que están sanos? ¿Los ricos? No, no necesariamente. Las personas más felices del mundo son aquellas que viven sus sueños. Al entregarse a algo más grande que ellos, se entregan al ímpetu que los hará elevarse por encima de sus problemas. Si usted desea conocer la verdadera felicidad, sueñe un sueño más grande que usted, y encuentre algo en lo que pueda perder su vida. Jesús dijo que si queremos conservar nuestra vida la perderemos, y que si la perdemos la salvaremos (Lucas 9:24). ¿Es que no hay algo mejor que mirar la televisión todas las tardes? ¿Es que no hay algo mejor que esperar las vacaciones todo el año? ¿Es que no hay algo mejor que esperar el momento de jubilarse para matar el tiempo? ¿Es que no hay algo mejor que conformarnos con lo que es término medio? El término medio no parece tan bueno cuando nos damos cuenta de que es lo peor de lo mejor, y lo mejor de lo peor.

Cuando aconsejo a una persona, descubro que el problema principal es que ha perdido sus sueños. Ha perdido sus metas; ha perdido su propósito. Cuando perdemos un sueño o el propósito en el matrimonio, perdemos el matrimonio. Cuando perdemos el propósito en nuestro trabajo, perdemos el trabajo. Cuando perdemos el propósito de nuestra salud, morimos.

Piense en los grandes hombres y mujeres que continuaron persiguiendo sus sueños hasta edades muy avanzadas. Piense en personas como Moisés, que a los 80 años guió a tres millones y medio de personas a salir de la cautividad. O Caleb, que a los 85 años dijo: "*Dame esa montaña*". O a Ray Kroc, que después de los 70 años presentó el Big Mac al mundo. Tenemos a

Casey Stengel, que a los 75 años se convirtió en el administrador del equipo de béisbol de los Yankees. Y veamos a Picasso, que a los 88 años todavía pintaba, y a George Washington Carver, que a los 81 años se convirtió en Ministro de Agricultura de Estados Unidos. Thomas Edison inventó el mimeógrafo a los 85 años, y John Wesley, que a los 88 años aún montaba a caballo y salía a predicar a Cristo.

No se contente jamás con haber alcanzado una meta. No se duerma sobre sus laureles. La historia está llena de ejemplos de personas que después de lograr grandes cosas, perdieron de vista su visión. Cuando Alejandro Magno tenía una visión, conquistaba países; cuando la perdió, no podía vencer a una botella de alcohol. Cuando David tenía una visión, podía vencer a Goliat; cuando perdió su visión, ni siquiera podía vencer su propia lujuria. Cuando Sansón tenía una visión, ganó muchas batallas; cuando perdió su visión, ni siquiera pudo vencer a Dalila. Cuando Salomón tenía una visión, era el hombre más sabio del mundo; cuando perdió el sueño que Dios le había dado, no pudo controlar su deseo impuro por mujeres extranjeras. Cuando Saúl tenía una visión, podía vencer a reyes; cuando perdió la visión, no pudo combatir ni siquiera sus propios celos. Cuando Noé tenía una visión, podía construir un arca y ayudar a salvar a la raza humana; cuando la perdió, se embriagó. Cuando Elías tenía una visión, podía orar y caía fuego sobre el cielo, y podía cortarles la cabeza a los falsos profetas; cuando la perdió, tuvo que huir de Jezabel. Es el sueño el que nos mantiene jóvenes. Es la visión la que nos mantiene en movimiento.

Hace un par de años fui a Arizona para una convención. El líder de la convención fue a buscarme al aeropuerto. Esta conferencia iba a realizarse en la iglesia de la que él era pastor. Subimos al auto, y todavía no habíamos salido del estacionamiento del aeropuerto cuando comenzó a decir cosas como: “Realmente no sé para qué está usted aquí. No sé si ha hablado a personas mayores anteriormente, pero yo lo he escuchado, y usted es entusiasta. Las personas que estarán en la convención son, en su mayoría, jubilados, y han trabajado duramente toda su vida en las iglesias del este. Han venido aquí a establecerse para disfrutar de sus últimos años". Mientras este hombre hablaba, yo sentía que él quería que no los hiciera esforzarse demasiado, que simplemente les diera un devocional a estos ancianos. Su actitud iba directamente en contra de lo que yo pensaba. "Este tipo no entiende a las personas", pensé. Las personas necesitan una causa; necesitan una meta. Si no estamos muertos, seguramente estamos vivos; así que queremos un motivo para vivir, ya sea que tengamos 18 años... u 81.

Así que, camino a la conferencia, esa noche, tomé el bolígrafo y rescribí todo mi mensaje. Cuanto más escuchaba a este pastor, más me convencía de que tenía que predicar lo que él no quería que su gente escuchara. Para cuando comenzó el culto, yo ya había desarrollado lo que consideraba un mensaje realmente motivador para estos mayores. Me levanté y disparé con todo mi entusiasmo a la congregación. Prediqué sobre el tema: "¿Por qué jubilarnos cuando podemos volver al trabajo?" Les hablé sobre su potencial, la experiencia que tenían, su sabiduría y las pruebas que habían superado. Al final, dije: "Si usted desea volver a trabajar en su iglesia local y ayudar a hacer realidad un sueño y una causa, póngase de pie y pase al frente". El lugar estaba lleno de gente esa noche; y aproximadamente las tres cuartas partes de esos jubilados se pusieron de pie para decir: "Sí señor, queremos tener una causa". El pastor se preguntaba qué les pasaba a sus santos. Sus santos no eran el problema. Ellos querían tener un sueño; querían una causa. El problema era el pastor. Él había perdido ese sueño; había perdido la visión, y se había conformado con algo inferior.

¿Recuerda la secuencia de un sueño exitoso? Repasémosla

una vez más porque hay un punto más en esta secuencia que deseo que usted conozca. La primera etapa es "lo pensé", seguida por "lo capté", "lo compré", "lo seguí", y "lo conseguí". Pero hay un paso más, si usted desea ser un gran líder. Debe pasar al sexto paso: "lo enseñé". Nunca deberíamos vivir un sueño sin compartirlo con otra persona. Eso es discipulado. En la edición de invierno de 1983 de la revista *Leadership* (Liderazgo), Terry Muck escribió:

> "Según una encuesta realizada a los lectores de *Leadership*, comunicar la visión es uno de los aspectos más frustrantes de ser líder de una iglesia. 'Es una tarea que los pastores jóvenes no se sienten bien equipados para realizar. En un detallado estudio realizado en 1982, un importante seminario descubrió que sus alumnos se sentían mínimamente capacitados para hacer que las personas trabajaran juntas para una meta común. Aparentemente, mostrar la visión en una forma que inspire y energice es algo sumamente difícil'. Algo es cierto; los líderes que pueden comunicar en forma efectiva las metas a sus seguidores son mucho mejor pagados que los que no lo hacen".

La clave no es sólo llegar a la etapa de "lo conseguí", donde el sueño se hace realidad para nosotros personalmente, sino pasar ese sueño a otros.

Una docena por día

He aquí una docena de ejercicios que le ayudarán a hacer realidad su sueño.

• *Examine* su vida tal como está en este momento. El primer paso para hacer realidad su sueño es descubrir dónde está ahora. Es necesario un estudio profundo.

• *Cambie* todas sus pequeñas opciones por un sueño grande. Todo sueño tiene su precio.

• *Póngase en contacto* con personas exitosas. Es cierto que "Dios los cría y ellos se juntan".

• *Exprese* su fe en sus sueños. Escríbalos o hable de ellos con frecuencia.

• Tenga en cuenta que *habrá oposición.* Todo quisquilloso que no tenga un sueño propio se opondrá al suyo. Lamentablemente, hay diez quisquillosos por cada persona que tiene un sueño. Nunca podrá librarse de todos ellos. Si lo recuerda, no serán un problema para usted. Recuerde que quienes no tienen un sueño propio no pueden ver el suyo, así que para ellos es imposible. No puede tenerse lo que no se ve.

• *Haga* su mayor esfuerzo, ponga toda su energía para la realización del sueño. ¡Pague el precio!

• *Extraiga* todo principio positivo que pueda de la vida. Esté constantemente en la búsqueda de cualquier cosa que haga crecer su sueño.

• *Excluya* a las personas que piensan en negativo de su círculo de amigos íntimos. Tendrá algunos amigos que piensan en forma negativa, y sin duda algunos familiares suyos también lo harán. Pero si ese pensamiento negativo lo arrastra (lo cual es muy fácil que suceda), no pase mucho tiempo con ellos. En mi familia, y en la de mi esposa, hay personas que son aguafiestas. Nosotros hemos elegido, por el bien de nuestros hijos y el nuestro propio, no pasar mucho tiempo con ellas. Quizá tenga que poner cierta distancia entre usted y esos amigos que piensan en forma negativa.

• *Exceda* las expectativas normales, para que su sueño se haga realidad. Si va a alcanzar su sueño, tendrá que hacer algo fuera de lo normal. Los sueños no se alcanzan si solo se usa la cantidad habitual de energía.

• *Demuestre* confianza. Creo que si demostramos confianza exteriormente, tendremos más confianza en nuestro interior. La forma en que actuamos exteriormente influye en lo que somos interiormente.

• *Explore* todas las posibles rutas para alcanzar su sueño. No permita que ningún desvío ni calle sin salida lo detenga en el camino a un sueño que Dios le ha dado. Hay muchas formas de subir a una montaña, no solo ir por la ladera este. Intente subir por la cara sur. Fíjese qué otra cosa puede hacer.

• *Extienda* una mano de ayuda a alguien que tiene un sueño similar al suyo, y ambos podrán subir juntos. El montañismo no es un deporte solitario; es un deporte de equipo. Cada uno sostiene la cuerda de otro. Si sostenemos la cuerda de otro, todos podremos llegar a la cima y nuestros sueños podrán hacerse realidad.

CUANTO MÁS GRANDES SON, MÁS RUIDO HACEN AL CAER

Quisiera sacar de la historia de David y Goliat algunos principios que nos ayudarán a avanzar con éxito contra los gigantes que enfrentamos en nuestras vidas. Antes de continuar con la lectura, deténgase a pensar por un minuto. ¿Cuál es su mayor problema? ¿Qué gigante se atraviesa en su camino?

Este capítulo está dedicado a permitirle a usted lograr la victoria sobre alguna barrera o dificultad aparentemente imposible de derribar en su vida. Para vencerla se necesita algo más que pensar positivamente; el pensamiento positivo no es más que un patrón de razonamiento. Se necesita más que entusiasmo; el entusiasmo es tan solo un sentimiento. Incluso es necesario algo más que simple acción. La victoria es nuestra cuando pensamos acerca de nuestros problemas en la forma correcta, sentimos lo correcto y actuamos en la manera correcta. Necesitamos algo más que una actitud mental positiva.

PENSAR CORRECTAMENTE

Hace poco leí un artículo muy interesante acerca de Karl Wallenda, el gran equilibrista que murió hace unos años en Puerto Rico, al caer de una cuerda tensada a una altura de 22,50m. En cierta ocasión, Wallenda había dicho: "Caminar sobre la cuerda floja es vivir. Todo lo demás es una espera". El hombre vivía para la emoción de ese momento. La esposa de Wallenda, que también era equilibrista, dijo algo muy interesante acerca de lo que sucedió antes de la trágica caída. Dijo: "Durante los tres meses anteriores a ese cruce por la cuerda floja, lo único que Karl pensaba era que iba a caerse. Era la primera vez que pensaba algo así. Y me parece que concentró toda su energía en no caer, en vez de hacerlo en caminar sobre la cuerda". La señora Wallenda dijo que su esposo llegó al extremo de supervisar el tendido de la cuerda él mismo, para asegurarse de que los cables fueran seguros. Anteriormente siempre había confiado en su equipo para ese trabajo.

Wallenda subió a la cuerda dominado por el temor de caerse, y su pensamiento le creó un sentimiento de inseguridad. Sabemos lo que pasó. Dedicó toda su energía a no caer... y eso fue exactamente lo que le sucedió. Creo que eso es lo que nos sucede muchas veces al enfrentar a nuestros gigantes. Miramos a los *Goliats* de nuestras vidas en la misma forma que miraba a Goliat el ejército de Israel, y nuestro pensamiento se concentra en no ser vencidos. Eso era lo único que ellos podían pensar: no ser destruidos, que no los mataran. Cuando nos concentramos en los inconvenientes en lugar del premio, muchas veces caemos. Nunca debemos permitirnos perder de vista nuestra meta, porque quizá nunca volvamos a verla.

PRIMERA PIEDRA: DEFINA SU CAUSA

¿Cómo mató David a Goliat? Con una honda y una piedra. Nosotros también necesitamos algunas piedras para derribar a los gigantes de nuestras vidas. La primera piedra será, entonces: defina su causa. Esto es lo primero que quisiera animarle a hacer. Identifique cuál es su propósito. ¿Cuál es la causa que hace que usted deba enfrentar este problema? ¿Es suficientemente importante como para que usted emplee su tiempo, energía, esfuerzos y dedicación en ella? ¿Vale la pena del riesgo que usted correrá? Sin duda, David tenía una causa. Cuando llegó al lugar del enfrentamiento, lo primero que encontró fue un ejército israelita muy asustado. Lo segundo que vio fue a Goliat... y se dio cuenta por qué el ejército estaba muerto de miedo. David tenía un problema gigantesco delante de sí.

He descubierto que las mentes pequeñas tienen deseos, y las grandes mentes tienen causas. Muchos de nosotros somos como Woody Allen, que dijo: "No importa lo que haga, siempre preferiría hacer otra cosa". ¡Conozco a muchas personas que son así! Nunca han desarrollado un propósito suficientemente grande como para mantenerlos en su curso, ni un compromiso suficientemente fuerte como para marcar una diferencia verdadera. Detrás de cada gran logro hay un propósito, no un deseo. Ese propósito es lo que evita que nos demos por vencidos. Detrás de cada experiencia que disfrutamos hay un propósito, porque el propósito es lo que le da sabor a la vida, la hace atractiva y emocionante.

He aquí algunas frases que le ayudarán a comprender y recordar lo que un sentido de propósito puede lograr en usted, cómo lo elevará fuera del ámbito de lo común. Tener un propósito hará que usted:

Ore más de lo común.
Se una más de lo común.
Arriesgue más de lo común.
Planifique más de lo común.
Observe más de lo común.
Sacrifique más de lo común.
Tenga más expectativas de lo común.

Tener un propósito hará que pasemos más tiempo *en oración.* Si nuestro propósito nos supera, necesitaremos pedirle continuamente a Dios que nos dé fortaleza y sabiduría. La oración es la forma en que se libera el poder de Dios. Debemos considerar a la oración como la forma de aprovechar el entusiasmo de Dios, no de vencer su desgano. En toda la Biblia se nos desafía a reclamar con osadía la victoria en oración: "*Clama a mí y te responderé, y te daré a conocer cosas grandes y ocultas que tú no sabes*" (Jeremías 33:3). "*Cualquier cosa que ustedes pidan en mi nombre, yo la haré*" (Juan 14:13-14). "*Por eso les digo: Crean que ya han recibido todo lo que estén pidiendo en oración, y lo obtendrán*" (Marcos 11:24). Por medio de la oración tenemos el poder y el privilegio de ser usados por Dios para un gran propósito. Los discípulos del primer siglo sabían cómo orar y reclamar en fe el poder de nuestro Dios omnipotente para ayudar a cambiar el curso de la historia. Nosotros, hoy, servimos a ese mismo Dios.

Tener un propósito hace que nos *unamos,* es decir, que busquemos a otros que tengan metas similares. Un buen ejemplo de esto se encuentra en Génesis, cuando la gente se puso a construir la Torre de Babel. Dado que estaban unidos en su propósito, pudieron hacer cosas que nunca habían hecho antes, cosas extraordinarias.

Tener un propósito nos desafiará a *arriesgar* más. Estaremos dispuestos a subir un poco más por la rama; estaremos dispuestos a acercarnos a nuestro *Goliat.*

Si tenemos un propósito, *planificaremos* más de lo común para que ese propósito se cumpla. Si una causa es más grande que nosotros, exigirá que pongamos en funcionamiento lo mejor de nuestra capacidad de organización. Las metas no se cumplen por casualidad.

Tener un propósito hace que seamos extraordinariamente *observadores.* Nos hace más sensibles a las personas y las necesidades que nos rodean. Buscamos oportunidades para avanzar.

Tener un propósito hace que nos *sacrifiquemos* más allá del deber. Estamos dispuestos a entregar más. Y finalmente, tener un propósito hace que tengamos más *expectativas* que las que comúnmente tendríamos.

Lo que digo, en realidad, es: el propósito marca la diferencia entre lo común y lo extraordinario. Una persona que tiene una causa, un propósito, hace cosas fuera de lo común, por encima del promedio. No es la personalidad lo que hace que alguien sea extraordinario. Tampoco su inteligencia ni su educación. Lo que hace que una persona sea extraordinaria es su propósito: ese ardiente deseo de lograr algo en su vida.

Hubo una sola razón por la que David atacó a Goliat: porque tenía un propósito. El Dios de Israel era ridiculizado por los filisteos, porque los israelitas tenían miedo de enfrentar ese problema. ¿Acaso su Dios no era capaz de ayudarlos? Cuando somos confrontados por los *Goliats* de nuestras vidas, ¿qué es lo que nos motiva a atacarlos? Nuestro primer paso debería ser identificar y examinar nuestras causas.

No hace mucho tiempo, leí un artículo sobre un médico que había estudiado gerontología. Este hombre descubrió que todas las personas que habían vivido más de cien años tenían algo en común. Pues bien, yo esperaba leer que este factor común fuera una dieta sana o un programa disciplinado de ejercicio... temas que suelen ponerme incómodo. Pero no era eso: la única cosa que estas personas tenían en común era un propósito. Todos ellos tenían una visión positiva de la vida. El futuro les parecía brillante; tenían una razón para vivir.

SEGUNDA PIEDRA: CONSIDERE EL COSTO

Después de definir nuestra causa, debemos tomar la segunda piedra con la que lucharemos contra nuestro *Goliat:* considerar el costo. ¿Qué me costará enfrentar este problema? Cuando Dios mide a un hombre, pone la cinta de medir alrededor de su corazón, no de su cabeza. David no solo sabía lo que deseaba (que era Goliat), sino que sabía lo que tenía que hacer para lograr su meta; sabía lo que iba a costarle.

Para vencer a Goliat, David tuvo que pagar un precio doble. Primero, tuvo que pagar el precio de la crítica. Cuando avanzara contra el gigante, sin duda lo criticarían.

> *Eliab, el hermano mayor de David, lo oyó hablar con los hombres y se puso furioso con él. Le reclamó: ¿Qué has venido a hacer aquí? ¿Con quién has dejado esas pocas ovejas en el desierto? Yo te conozco. Eres un atrevido y mal intencionado. ¡Seguro que has venido para ver la batalla!* (1 Samuel 17:28).

Observe que esta crítica fue dirigida a David por su propio hermano. Mientras sus enemigos se reían de él, sus amigos y parientes lo criticaban. Le decían cosas como: "Este no es tu lugar. Eres demasiado joven. Demasiado inexperto. Eres un orgulloso".

He descubierto que antes que un gran logro pueda concretarse, debe creerse en el corazón. Si necesitamos escuchar el aplauso de la multitud antes de derribar a nuestro *Goliat,* nunca lo mataremos. Tenemos que comenzar el ataque en medio de las críticas y creer que los aplausos vendrán después.

Además de las críticas, es de esperar que estemos solos. Quiero que tenga en cuenta que cuando David subió a la colina, no lo hizo seguido de un ejército. Los soldados estaban todos en sus tiendas, les temblaban las rodillas. Puedo imaginármelos: cientos de cabezas apenas asomadas por las aberturas de sus tiendas, probablemente listos para correr en dirección opuesta de la que iba David, cuando este fuera destruido. Y puedo ver a David, con su firme propósito, que avanza hacia lo alto de la colina, solo. Cuando enfrente a su *Goliat,* usted tampoco tendrá el apoyo de un ejército. Tendrá que enfrentarlo solo.

Cuando hablo de soledad, pienso en el atleta que compite en los Juegos Olímpicos. Él demuestra toda su capacidad personal, mientras el mundo se limita a observarlo. Nadie salta de las gradas para correr con él. Recuerdo a Cristóbal Colón cuando quiso navegar al oeste hasta Asia, pues creía que el mundo era redondo. "Oh, no", le dijeron los demás, "el mundo es plano". Pienso en Henry Ford y el auto. Uno de mis tíos bisabuelos era amigo de Henry Ford, y cierta vez le dijo: "No tengo dudas de que puedas inventar un automóvil, pero una vez que lo hayas inventado, ¿dónde lo conducirás? ¡No hay caminos! No tendrás lugar adonde ir". Mi pariente no comprendía que si uno tiene una idea lo suficientemente grande, la gente literalmente mueve montañas para que la idea se haga realidad. Pero debemos tener la fortaleza de nuestras convicciones para lanzar el sueño nosotros solos.

Todos los que nunca han matado un gigante le dirán que es imposible. Le dirán que no puede suceder. Así que si sale a enfrentar a un *Goliat,* prepárese para enfrentar críticas y sentirse solo; es todo parte del proceso. David lo sabía. Otro David, de apellido Livingstone, abrió grandes caminos para las misiones en África. Cierta vez, una sociedad misionera le escribió una carta que decía: "Tenemos algunas personas que quisieran unirse a su trabajo. ¿Hay rutas de fácil acceso para que ellos puedan llegar adonde está usted?" El Dr. Livingstone les contestó: "Si los hombres que ustedes tienen están dispuestos a venir solamente si hay buenos caminos, no los quiero. Quiero hombres que estén dispuestos a venir aunque no haya ningún camino". Considere el costo. La victoria en la batalla siempre le costará algo. No se puede derribar un gigante fácilmente.

Tercera piedra: determine su curso

La tercera piedra que necesitará para derribar a sus gigantes es esta: determine su curso. Veamos cómo David determinó su curso en 1 Samuel 17:31-40. *"Algunos que oyeron lo que había dicho David, se lo contaron a Saúl, y éste mandó a llamarlo"* (v. 31). Creo que este versículo tiene una gran lección para nosotros. En el momento en que nos comprometamos para cualquier gran proyecto, seremos probados. Tan pronto como David dijo que iba a atacar a Goliat, alguien estuvo dispuesto a tomarle la palabra.

Creo que toda persona que se fija una gran meta conoce el trauma de declarar públicamente por primera vez esa meta. Muchas veces, cuando yo sabía que Dios me llamaba a hacer algo que era diferente o difícil, tuve que pasar por una lucha emocional interna hasta llegar a declararlo públicamente, porque sabía que si lo decía delante de otros alguien iba a reclamarme el cumplimiento de lo que yo había dicho. Cuando fui llamado a predicar, luché conmigo mismo para anunciarlo hasta que tuve 17 años, porque sabía que una vez que lo hiciera, mis amigos y mi familia lo tomarían en serio. En 1973, cuando era un joven predicador, sentí que debía llevar al Señor a 200 personas que estaban fuera de mi iglesia. Recuerdo que fui en mi auto desde Chattanooga, Tennessee, hasta Lancaster, Ohio; luché con Dios durante todo el viaje, trataba de decidir si declarar esta meta públicamente o no. Sabía que apenas se lo dijera a la gente, se aferrarían a mis palabras sin dudar. Lo declaré públicamente, y durante una semana golpeé a cientos de puertas e hice todo lo que se supone que debemos hacer para ganar a alguien para Jesucristo. La noche del sábado, cuando entré a mi oficina a hacer un estudio a último momento, un amigo mío que estaba en el vestíbulo me dijo: "Pastor, he orado por usted toda la semana, desde que dijo que deseaba ganar a 200 personas para el Señor. Me pregunto... ¿cuántos ha ganado en esta semana?" "Ninguno", le dije. "Pero voy a ganar a alguien antes de mañana a la noche". Me di vuelta y salí del templo. Fui directamente al otro lado de la ciudad a trabajar en serio para ganar almas... y llevé a una pareja a los pies del Señor. Esta pareja asistió a la iglesia a la mañana siguiente. ¿Qué sucedió? En el mismo instante en que anunciamos públicamente que vamos a atacar a un *Goliat,* alguno de los que nos rodean nos recordará lo prometido.

Tan pronto como David dijo: "Voy a atacar a Goliat", ¿qué hicieron todos? Lo llevaron delante del rey Saúl. David le dijo a Saúl: "*¡Nadie tiene por qué desanimarse a causa de este filisteo! Yo mismo iré a pelear contra él*" (v. 32). En el versículo 33, Saúl dice a David: "*¡Cómo vas a pelear tú solo contra este filisteo! (...) No eres más que un muchacho, mientras que él ha sido un guerrero toda la vida*". En el mismo instante en que nos comprometemos a llevar a cabo un gran proyecto, no solo nuestras afirmaciones serán probadas, sino que los demás expresarán sus dudas. Tan pronto como digamos lo que vamos a hacer, habrá algún rey Saúl en nuestra vida que nos dirá que nunca se ha hecho antes y nosotros tampoco podemos hacerlo.

> *David le respondió: A mí me toca cuidar el rebaño de mi padre. Cuando un león o un oso viene y se lleva una oveja del rebaño, yo lo persigo y lo golpeo hasta que suelta la presa. Y si el animal me ataca, lo sigo golpeando hasta matarlo. Si este siervo de Su Majestad ha matado leones y osos, lo mismo puede hacer con ese filisteo pagano, porque está desafiando al ejército del Dios viviente. El SEÑOR, que me libró de las garras del león y del oso, también me librará del poder de ese filisteo. Anda, pues –dijo Saúl–, y que el SEÑOR te acompañe. Luego Saúl vistió a David con su uniforme de campaña. Le entregó también un casco de bronce y le puso una coraza. David se ciñó la espada sobre la armadura e intentó caminar, pero no pudo porque no estaba acostumbrado. No puedo andar con todo esto –le dijo a Saúl–; no estoy entrenado para ello. De modo que se quitó todo aquello* (1 Samuel 17:34-39).

Cuando usted se comprometa a atacar a *Goliat*, lo tercero que sucederá es esto: todos tratarán de decirle cómo hacerlo. ¿Le suena conocido? Claro, le expresarán sus dudas, pero cuando descubran que no pueden convencerlo de que abandone el proyecto, querrán darle instrucciones sobre cómo manejarlo. Tratarán de ponerle su armadura. Saúl, que no estaba dispuesto a enfrentarse a Goliat él mismo, estaba más que deseoso de decirle a David cómo hacerlo. ¿Conoce usted gente así? El mismo que no podía solucionar el problema, quería decirle a otro cómo hacerlo.

Como líder, yo escucho a todo el mundo. No hay nadie que no pueda enseñarme algo. Pero los únicos a los que tomaré en serio son quienes invierten en mi causa y están dispuestos a subir a la colina conmigo. Cuando ellos me aconsejan, arriesgan sus vidas junto conmigo. Hay toda clases de personas que están deseosas de quedarse en el fondo y decirle a usted cómo hacer las cosas... aunque no están dispuestas a ser parte de ello.

Observemos que David se sentía seguro cuando determinó la estrategia para su curso de acción, debido a que había tenido éxito anteriormente. David sabía que el Dios que lo había ayudado a vencer al oso y al león era el mismo Dios que lo ayudaría a vencer al gigante. Dios lo había librado antes, y lo haría una vez más. Nunca me cansaré de repetir cuán importante es lograr algunos éxitos. Tenemos que tener algunas victorias. Ganar es lo que nos da confianza. Descubro que las personas que no desean enfrentar problemas son aquellas que tienen historias de fracasos; tienen miedo de los problemas.

Cuando yo era un niño, era frágil y anémico. Comía hígado todo el tiempo; comí tanto hígado que llegó a gustarme, y tuve que tomar medicinas para agregar la cuota necesaria de espinacas. Aún así, siempre tuve alma de competidor, y me gustaba luchar contra mi hermano, que era mucho más grande que yo. Corríamos todos los muebles del comedor contra las paredes, con la entera desaprobación de mi madre, ¡y nos íbamos a las manos! Papá no solo permitía esta frecuente actividad nocturna, sino que era nuestro árbitro. ¿Alguna vez vio peleas de *catch* en TV? Eso era lo que nosotros hacíamos todas las noches, solo que era de verdad. Adivine quién perdía desastrosamente cada noche... Así que un día mi papá le dijo a mi hermano: "Larry, esta semana no podrás luchar con Johnny. Tú serás el árbitro; yo lucharé contra él". Todas las noches, mi papá y yo luchábamos durante 15 ó 20 minutos, y finalmente yo le ganaba. Lo hacía caer al suelo y declararse rendido. ¡Me sentía tan bien! Después de haber vencido a mi papá todas las noches durante una semana, papá anunció: "Bien, Larry, ahora puedes volver a luchar con Johnny". Y mi hermano nunca volvió a vencerme. ¿Acaso gané tanta fuerza en una semana? No. Físicamente yo era igual, pero mentalmente, había crecido mucho. De repente, había llegado a la conclusión de que si podía vencer a mi papá, sin duda podría vencer a mi hermano. Papá dice que me llevó casi una hora la primera noche. Larry casi me deja tendido, pero yo pensaba: "¡Un momento! Si vencí a papá, puedo vencerlo a él."

Eso es lo que le sucedía a David. David era duro mentalmente. Así que determinó su curso y para ello tuvo en cuenta sus anteriores éxitos. Esto no significa que siempre enfrentaremos nuestros problemas de la misma manera, pero sí que nuestra actitud será la misma.

Esta es la fórmula para planificar con anticipación cuando se prepare para atacar a un *Goliat* de su vida:

Predetermine su curso de acción.
Fíjese metas.
Ajuste sus prioridades.
Notifique a las personas clave.
Déles tiempo para aceptarlo.
Póngase en marcha.
Dé por descontado que habrá problemas.
Apunte siempre al éxito.
Revise diariamente su plan.

Predeterminar el curso de acción es decidir lo que desea lograr. David sabía lo que quería que sucediera. Deseaba matar a Goliat, quería destruirlo para la gloria de Dios.

Después de predeterminar su curso de acción, *fíjese metas.* Pregúntese: ¿cómo deseo lograr esto? Piense en el curso de acción como un paraguas; es el propósito principal. Después, fije metas que le permitan lograr su propósito. David decidió quitarse la armadura de Saúl, tomar una honda que ya había utilizado (una herramienta probada y confiable) y unas piedras. Tenía que alcanzar cada una de estas metas para poder cumplir su misión.

Tercero, *ajuste sus prioridades.* ¡Esto es muy importante! Una vez que haya determinado su curso de acción y fijado sus metas, descubrirá prioridades que deberá descartar, porque no le resultan efectivas. Tendrá que descartar la armadura de Saúl, sea lo que esta fuere, y tomar lo que necesite.

Cuarto, es importante que *notifique a las personas clave.* David también lo hizo, ¿verdad? Fue a ver al rey Saúl y le dijo: "Esto es lo que va a suceder; esto es lo que voy a hacer".

También hay que *darles tiempo para que lo acepten.* Una vez que haya predeterminado su curso de acción, fijado sus metas, ajustado sus prioridades personales y notificado a las personas clave, tendrá que darles tiempo para que ellas lo acepten. ¿Por qué? Porque el mundo no está acostumbrado a vencer gigantes. Cuanto más difícil sea el proyecto, más tiempo le llevará a la gente aceptarlo. Si en su labor de liderazgo usted descubre que a las personas no les lleva cierto tiempo aceptar algunas metas suyas, probablemente es porque esas metas son demasiado limitadas. Tiene que dar pasos más grandes, hacer planes más grandes, enfrentar gigantes más grandes.

Póngase en marcha. Esto viene después de la aceptación. Algunos nunca vencen a sus *Goliats* porque creen que dar tiempo para la aceptación significa llegar a un consenso. Creen que tienen que llegar a que todos aprueben sus planes. Nunca matará a los gigantes de su vida si necesita el apoyo de todos. Déles tiempo para comprender y aceptar lo que va a hacer, pero no espere que estén de acuerdo. Quizá no voten a favor, pero déles tiempo para asimilarlo, y luego póngase en marcha.

Dé por descontado que habrá problemas. Cuanto más grande sea el proyecto, mayores serán los problemas. Siempre es así. Si le resulta demasiado fácil llegar a su meta, quizá esta no sea lo suficientemente elevada. No permita que los problemas lo sorprendan: espérelos.

Cierta vez desayuné con un hombre que trabajaba en construcciones y que me dijo algo que nunca olvidaré. Sus palabras fueron: "Yo gané todo el dinero que tengo gracias a los problemas de los demás". ¡Y ha ganado mucho dinero! Porque estaba dispuesto a trabajar para solucionar los problemas que ningún otro quería enfrentar. Aquello que intimidaba y hacía retroceder a los demás era lo que él estaba dispuesto a solucionar.

Apunte siempre al éxito. Siempre habrá personas que apunten en otra dirección, que intentan señalarle el fracaso. Pero tenga sus ojos siempre fijos en el éxito.

Revise diariamente su plan. Controle su posición cada día. Los gigantes se mueven por la colina, y lo que usted hizo ayer para matar a un gigante quizá no sirva para hoy.

Cuarta piedra: tenga en cuenta a Cristo

Pasemos a la cuarta piedra que debemos tomar para matar a los gigantes que hay en nuestras vidas: tenga en cuenta a Cristo. David no subió esa colina solo: tuvo en cuenta a Dios.

> *Éste* [el filisteo], *por su parte, también avanzaba hacia David detrás de su escudero. Le echó una mirada a David y, al darse cuenta de que era apenas un muchacho, trigueño y buen mozo, con desprecio le dijo: ¿Soy acaso un perro para que vengas a atacarme con palos? Y maldiciendo a David en nombre de sus dioses, añadió: ¡Ven acá, que les voy a echar tu carne a las aves del cielo y a las fieras del campo!* (1 Samuel 17:41-44).

Este es un ejemplo de pensamiento positivo. Goliat dijo:

"Ven aquí, voy a hacerte picadillo". Pero hay mucha diferencia entre el pensamiento positivo y la fe positiva. Vemos un ejemplo de fe positiva en el versículo 45.

> *David le contestó: Tú vienen contra mí con espada, lanza y jabalina, pero yo vengo a ti en el nombre del SEÑOR Todopoderoso, el Dios de los ejércitos de Israel, a los que has desafiado. Hoy mismo el SEÑOR te entregará en mis manos; y yo te mataré y te cortaré la cabeza. Hoy mismo echaré los cadáveres del ejército filisteo a las aves del cielo y a las fieras del campo, y todo el mundo sabrá que hay un Dios en Israel. Todos los que están aquí reconocerán que el SEÑOR salva sin necesidad de espada ni de lanza. La batalla es del SEÑOR, y él los entregará a ustedes en nuestras manos* (vv. 45-47).

Esa es la diferencia entre pensamiento positivo y fe positiva. Pablo hizo esta gran afirmación: "*Todo lo puedo en Cristo que me fortalece*" (Filipenses 4:13). Este versículo incluye cuatro cosas positivas. Pablo dice: "Yo puedo"; es *pensamiento positivo.* El verbo implícito en esta frase es "hacer"; esto nos indica que si nuestro pensamiento positivo es correcto, producirá una *acción positiva.* Al decir "todo", Pablo expresa una *fe positiva.* Una persona menos segura hubiera dicho: "Puedo hacer algunas cosas...", pero Pablo cree que puede hacer *todo.* También tiene un *poder positivo*: "en Cristo". Cuando medimos nuestras posibilidades, debemos hacerlo, no sobre la base de lo que vemos en nosotros mismos, sino de lo que vemos de Dios en nosotros. Nuestro Dios "*puede hacer muchísimo más que todo lo que podamos imaginarnos o pedir, por el poder que obra eficazmente en nosotros*" (Efesios 4:20). Nosotros ni siquiera podemos imaginar lo que Dios desea hacer en nuestras vidas.

Quinta piedra: ataque al gigante

Si desea ser efectivo, ataque al gigante. ¡Salga a vencerlo! David aprovechó su oportunidad de entrar en acción.

> *En cuanto el filisteo avanzó para acercarse a David y enfrentarse con él, también éste corrió rápidamente hacia la línea de batalla para hacerle frente. Metiendo la mano en su bolsa sacó una piedra, y con la honda se la lanzó al filisteo, hiriéndolo en la frente. Con la piedra incrustada entre ceja y ceja, el filisteo cayó de bruces al suelo. Así fue como David triunfó sobre el filisteo: lo hirió de muerte con una honda y una piedra, y sin empuñar la espada. Luego corrió adonde estaba el filisteo, le quitó la espada y, desenvainándola, lo remató con ella y le cortó la cabeza. Cuando los filisteos vieron que su héroe había muerto, salieron corriendo. Entonces los soldados de Israel y de Judá, dando gritos de guerra, se lanzaron contra ellos y los persiguieron* (1 Samuel 17:48-52).

Creo que este último versículo es la clave de toda la historia. La razón por la que debemos matar a los gigantes que hay en nuestras vidas es esta: aquellos a quienes lideramos nunca matarán a los gigantes que hay en sus vidas hasta que nosotros matemos los gigantes que hay en las nuestras. ¿Cuándo gritó el pueblo? ¿Cuándo se lanzaron contra el enemigo? Después que David mató al gigante. Cuando los líderes no vencen sus propios problemas, sus seguidores nunca llegan a la victoria. Este es el problema número uno en los líderes del país. Hay demasiadas personas que están en posiciones de liderazgo y que no tienen éxito porque no enfrentan los problemas directamente. Si ellos no están dispuestos a enfrentar a sus gigantes, si ellos no son vencedores, tampoco lo serán sus seguidores. Cuando el líder fracasa, el pueblo fracasa. Cuando el líder teme, el pueblo teme.

En todo el país veo congregaciones que tratan de sobrevivir en medio de terribles problemas, porque no saben cómo solucionarlos. No saben cómo derribar a un gigante porque nunca han visto a su pastor hacerlo. Pensemos cuánta libertad daríamos a nuestro pueblo si nos convirtiéramos en destructores de gigantes. ¡Imagine lo que eso haría por su fe! El problema número uno en la iglesia es que no vemos milagros; no vemos a Dios hacer su obra. Pensamos que los milagros son historia, y pensamos que la victoria también es cosa del pasado. Deberíamos orar para que Dios nos dé una barrera aparentemente inconquistable para que nuestro pueblo pueda ver el poder de Dios que funciona en nosotros y vence gigantes.

La primera iglesia que pastoreé estaba en un área rural de Indiana. Decidimos que queríamos tener 300 personas en la Escuela Dominical. Un miembro de nuestra congregación, muy bien intencionado, estaba convencido de que eso no era posible. Un domingo se puso de pie en medio del culto de la mañana y dijo: "Pastor, nosotros no podemos hacer eso". Mike tenía un corazón de oro, maravilloso, amoroso y lleno de buenas intenciones; pero no tenía una mente abierta. Recuerdo que lo miré y sonreí, y le dije: "Mike, si lo hacemos, ¿te pondrás de pie como ahora para disculparte y decirle a esta congregación que nunca más volverás a pensar en pequeño?" Era algo bastante osado para que lo dijera un jovencito de 24 años, pero Mike no se ofendió, y dijo que lo haría. El día que tuvimos 301 personas en la Escuela Dominical, Mike se puso de pie, con lágrimas en los ojos, y dijo a toda la congregación: "Jamás volveré a pensar en pequeño".

Ese día yo hice algo por Mike. Fue fabuloso tener 301 personas en la Escuela Dominical, pero para Mike fue aún mayor destapar su mente. Uno de sus gigantes había sido derribado.

En 1954 había artículos médicos que decían que el cuerpo humano no puede correr una milla (1,6 km) en cuatro minutos. Decían que el cuerpo no podía, físicamente, soportar tal presión. ¿Y qué sucedió entonces? En 1954 Roger Bannister, un joven estudiante de medicina, salió y corrió una milla en menos de cuatro minutos. Hoy, cualquier corredor que quiera tener algún tipo de reconocimiento corre una milla en menos de cuatro minutos. Entre 1954 y 1956, 213 hombres corrieron una milla en menos de cuatro minutos, todo porque un jovencito había roto esa barrera.

En los Juegos Olímpicos de 1900, Irving Baxter saltó a una altura de 1,85m. La gente decía que era imposible saltar más de 2,10m. Entonces llegó un hombre llamado Fosbury, que pensó que los atletas que practicaban salto en alto saltaban de la manera equivocada sobre la barra; no debían saltar primero con los pies, sino pasar primero la cabeza, hacia atrás. Todos se rieron y lo ridiculizaron mientras él perfeccionaba su poco ortodoxo método para saltar en alto. Los críticos llamaron a su método "la caída de Fosbury". Pero "la caída de Fosbury" fue desde una altura de más de 2,10 metros. Hace poco un alemán oriental saltó 2,32m.

En 1956, el límite de altura para un buen salto con garrocha era de 4,5 metros. Entonces alguien descubrió que una garrocha de fibra de vidrio daba un envión un poco más alto que la garrocha tradicional. Ahora, un atleta polaco ha saltado 5,69m. El próximo récord es 5,70, y quizá en un tiempo más, 6 metros. ¿Por qué? Porque alguien rompió el récord. Alguien mató a un gigante, y todos los demás salieron a atacar detrás de él. Eso puede suceder cada día en su vida. No importa cuál sea su ministerio, tan pronto como comience a derribar esos gigantes, los demás dirán: "¡Nosotros también podemos hacer eso!" Y saldrán a vencer. Usted les ha dado permiso, les ha dado confianza.

¿Cuáles son algunas de las lecciones que aprendimos del encuentro de David con Goliat?

Fracasamos, no porque tengamos grandes problemas, sino porque tenemos propósitos pequeños. Nuestros fracasos no son causados por los gigantes. No nos derrotan los *Goliats,* sino nuestros limitados propósitos.

Generalmente tenemos que atacar a los Goliats *nosotros solos.* No espere que toda una multitud se reúna alrededor de usted, agitando banderas y palmeándolo en la espalda. Quien sale al ruedo primero, sale solo.

Los pequeños éxitos llevan a éxitos mayores. Comience a experimentar victorias sobre algunas cosas pequeñas en su vida. Tenga éxito cada día sobre algo, y construya así toda una cadena de éxitos.

El éxito, para la mayoría de las personas, viene después de que alguien ha hecho lo imposible. El éxito para el ejército de Israel llegó después que David venció al gigante. Ayude a otra persona a ser un éxito; derribe un gigante. Recuerde: cuanto más grandes son, más ruido hacen al caer.

¿Qué diría usted que ha aprendido de David y Goliat? ¿Qué ha captado que lo ayude a enfrentar a los gigantes que hay en su vida en una forma diferente? Tome unos minutos para reflexionar sobre lo que ha aprendido... ¡y después salga a vencer a sus gigantes!

VÉALO, DÍGALO, ATRÁPELO

Hay tres niveles de vida. Primero está el nivel de "ver", que es el más bajo. Cualquier persona puede vivir en este nivel. Todos tienen la oportunidad de ver. Ahora bien, cuando hablo de "ver", no me refiero a la agudeza visual; hablo de ver una oportunidad para la fe. Algunos de nosotros tenemos una vista muy aguda, pero somos ciegos a las oportunidades.

En mi iglesia de Ohio había un hombre que era muy buen cazador. Algunas veces íbamos con el auto hasta Columbus, a unos 40 km por carretera. Mientras viajábamos en el auto, este hombre me decía: "¿Viste esa marmota?" No, yo no la había visto. "¿Viste ese conejo?" No, yo no lo había visto. "¿Viste ese pato?" No, tampoco lo había visto. Durante todo el trayecto a Columbus, él veía como diez animales, mientras lo único que yo podía ver era la ruta. Todos esos animales estaban dentro de mi campo visual, pero yo no los veía porque no estaba entrenado para buscarlos. El nivel de vida correspondiente a "ver" es el de ver una oportunidad para la fe. Quizá todos estemos mirando al mismo lugar, pero no todos veremos lo mismo.

El segundo nivel es el de "decir", y eso es lo que yo llamo "la fe hecha palabra". Ver es reconocer una oportunidad para la fe; decir, es la fe hecha palabra. Aquí comenzamos a comprometernos verbalmente con lo que ha atrapado nuestra visión. La Biblia está llena de fe hecha palabras. La Palabra de Dios enseña: "*Si confiesas con tu boca que Jesús es el Señor (...) serás salvo*" (Romanos 10:9).

Después viene el nivel de "atrapar". Este es el nivel de vida en que la fe se convierte en acción. Es más que ver y verbalizar: es una acción vital en nuestro corazón y nuestra vida.

Dado que todos comenzamos en el primer nivel, el de "ver", todos tenemos también la oportunidad de aprovechar la oportunidad para la fe. Pero a medida que subimos de nivel, cada vez son menos las personas que suben con nosotros. Cuando llegamos al nivel de "atrapar", el nivel de la acción, nos encontraremos con un grupo de élite; la mayoría de las personas nunca llega tan arriba. Se han perdido la oportunidad de fe y la acción de la vida.

El ejemplo de Caleb

Hay un ejemplo bíblico de una persona que llegó al nivel de "atrapar", y su nombre es Caleb. En este punto de su historia, ya hace 45 años que Caleb espió la tierra de Canaán y trajo un buen informe sobre ella. Ahora los israelitas están en el proceso de apoderarse de la tierra. En Josué 14 Caleb les habla a los ancianos, a los líderes: "*Yo tenía cuarenta años cuando Moisés, siervo del SEÑOR, me envió desde Cades Barnea para explorar el país*" (v. 7). Este es el nivel de "ver"; Caleb ha visto la tierra. Y continúa: "*...y con toda franqueza le informé de lo que vi*" (v. 7). Esta es la etapa de "decir".

La visión comenzó a apoderarse de él. No sólo se metió en su cabeza a través de sus ojos, sino que se metió en su corazón. Caleb comenzó a *sentir* lo que había visto. "*Dame, pues, la región montañosa que el SEÑOR me prometió en esa ocasión. Desde ese día, tú bien sabes que los anaquitas habitan allí, y que sus ciudades son enormes y fortificadas. Sin embargo, con la ayuda del SEÑOR los expulsaré de ese territorio, tal como él ha prometido*" (v. 12). Josué, al ver el compromiso de Caleb con la visión que había tenido 45 años atrás, le dio la tierra. Caleb *se apoderó* de lo que *dijo* que *había visto*. Caleb no es el único que hace esto en la Biblia. He descubierto que la mayoría de los grandes hombres de Dios pasaron por tres etapas antes que sus visiones se convirtieran en realidades.

VER: UNA OPORTUNIDAD PARA LA FE

Moisés. Estudiemos primero la etapa de "ver" en algunos de los más grandes líderes de la Biblia. Moisés es un excelente ejemplo de un líder que vio la oportunidad de fe. Cuando miro la vida de Moisés tal como la resume el autor de Hebreos, me impresiona el hecho de que Moisés fue motivado por su visión.

> *Por la fe Moisés, ya adulto, renunció a ser llamado hijo de la hija del faraón. Prefirió ser maltratado con el pueblo de Dios a disfrutar de los efímeros placeres del pecado. Consideró que el oprobio por causa del Mesías era una mayor riqueza que los tesoros de Egipto, porque tenía la mirada puesta en la recompensa. Por la fe salió de Egipto sin te-*

> *nerle miedo a la ira del rey, pues se mantuvo firme como si estuviera viendo al Invisible* (Hebreos 11:24-27).

Moisés era un líder de gran visión; un visionario. Quiero que estudiemos cuatro cosas que la visión de Moisés le ayudó a lograr. Primero, lo ayudó a tomar difíciles decisiones. Moisés se negó a ser llamado hijo de la hija del faraón. Fue una decisión difícil; renunciaba a su posición en la realeza, renunciaba a todos los placeres de Egipto. Pudo tomar esa decisión porque vio un llamado mayor, una visión más grande.

Lo segundo que la visión de Moisés le ayudó a lograr, fue a estar dispuesto para pagar el precio. El precio fue soportar el maltrato junto con el pueblo de Dios, antes que disfrutar de los placeres pasajeros del pecado. Iba a soportar en lugar de disfrutar... porque tenía una visión.

Tercero, la visión de Moisés lo ayudó a vivir para lo eterno y no para lo temporal. Moisés tenía una visión, por lo que no necesitaba vivir para el hoy: podía vivir para el mañana. Moisés consideró que el oprobio de Cristo era mayor riqueza que los tesoros de Egipto. ¿Por qué? Porque los tesoros de Egipto eran el presente, pero él buscaba una recompensa futura. No tenía esa recompensa en sus manos, así como podía tener los placeres y los tesoros de Egipto. Pero dado que era un visionario, vivió para el mañana en lugar de vivir para el hoy.

Cuarto, la visión de Moisés lo ayudó a vencer el temor en su vida. Por fe dejó Egipto, sin temer a la ira del rey.

He descubierto que tener una visión nos ayuda a nosotros de la misma manera que lo ayudó a Moisés. Nos ayuda a tomar decisiones difíciles. Las personas que no pueden tomar decisiones difíciles quizá se sientan presionadas al tener que decidir entre dos cosas que son buenas. Lo que les impide poder elegir lo mejor es que no tienen propósito, porque no tienen visión.

Una visión nos ayuda a pagar el precio. Nos da la motivación para dejar algo bueno ahora para obtener algo mejor después. Una visión nos ayuda, además, a elevarnos por sobre el temor. Nos evita quedar inmovilizados por monstruos, de manera que podamos mover montañas.

Caleb. Ya hemos mencionado brevemente a Caleb, pero veamos qué lo ayudó a lograr su visión. Primero, lo ayudó a desarrollar una convicción. En Josué 14:7 Caleb dice que cuando vio la tierra, le dijo a Moisés que en su corazón, ya la consideraba suya. Su visión le dio convicción. Pudo ir en contra de los demás espías, con el fin de seguir su visión.

Su visión lo ayudó a obedecer a Dios. Los corazones de los demás se derretían de miedo, pero Caleb dijo: "*Yo me mantuve fiel al SEÑOR mi Dios*" (Josué 14:8). ¿Por qué? Porque tenía una visión.

Lo ayudó a mantenerse joven. Todos oímos hablar de las vitaminas B y C, pero la mejor vitamina que podemos tomar es la vitamina V, de visión. Cuando la gente toma vitamina V, se revitaliza diariamente. La edad nunca se convierte en un problema, porque siguen teniendo una meta, siguen teniendo un sueño, siguen teniendo una visión. A los 85 años de edad, Caleb estaba dispuesto a ir a la guerra para obtener su tierra. Su fortaleza no se había abatido. ¿Por qué? Porque tenía vitamina V. Tenía una visión.

Su visión lo ayudó a conseguir la tierra, y finalmente llegó a poseerla, porque, antes que nada, la había visto.

Muchas veces me encuentro con personas que se ahogan en los problemas de la vida. Pero en realidad no son sus problemas los que las aplastan: es su falta de visión. Una gran visión nos ayuda a superar cualquier problema, pero no tener visión, o tener una visión muy pequeña, hace que el más pequeño problema nos haga tropezar y nos impida ser lo que deberíamos ser.

Abram. El requisito previo para poseer un nuevo territorio es la visión. La historia de Abram y Lot es un gran ejemplo de esto. Cuando Abram y Lot se separaron, Abram le entregó a Lot la mejor tierra; Lot tomó las llanuras bien regadas del Jordán. Abram tenía lo que había quedado, que era, supuestamente, tierra de segunda. *"Después de que Lot se separó de Abram, el SEÑOR le dijo: 'Abram, levanta la vista desde el lugar donde estás, y mira hacia el norte y hacia el sur, hacia el este y hacia el oeste. Yo te daré a ti y a tu descendencia, para siempre, toda la tierra que abarca tu mirada'"* (Génesis 13:14-15). Dios dijo a Abram que hiciera tres cosas. Primero le dijo: "Levanta la vista". Después agregó: "...desde el lugar donde estás". Ahora bien, esto es más complejo de lo que suena. Le decía a Abram que todas las oportunidades para llegar al éxito podían verse desde el lugar donde él estaba en ese mismo instante. Cualquier reportero de TV en busca de una noticia espectacular hubiera seguido a Lot hacia las bien regadas llanuras del Jordán, porque parecía que Lot había recibido lo mejor, pero Dios le dijo a Abram que mirara más allá de lo que parecía verde, fresco y fructífero, y que mirara desde donde él estaba parado. Le dijo a Abram que viera las oportunidades que estaban frente a él.

Muchas veces queremos ir a pararnos en el lugar que le corresponde a otro; queremos subir a su montaña y mirar su verde césped. Pero Dios le dijo a Abram: "Abram, no hay necesidad de correr adonde está Lot; quédate aquí y mira. Hay oportunidades aquí mismo, donde tú estás parado". La buena noticia es que donde usted esté, sea cual fuere su lugar en la vida, debajo de sus pies, hay oro. Lo único que usted tiene que hacer es verlo y creerlo.

Lo tercero que le dijo Dios a Abram fue: "Mira en todas las direcciones". No creo que sea casualidad que en la Biblia Dios lo haya dicho en detalle: "Hacia el norte y hacia el sur, hacia el este y hacia el oeste". Dejar de ver una parte era dejar de poseerla. Él tenía que detallarlo, porque algunas de las áreas que Abram podía ver no parecían demasiado prometedoras. Quizá, si Dios hubiera dicho: "Abram, quiero darte la mejor tierra", Abram ni siquiera hubiera mirado algunas áreas, porque conocía bien la tierra.

La visión siempre viene antes de la victoria. Santiago dice: "*No tienen, porque no piden*" (Santiago 4:2). ¿Será que no pedimos porque no vemos? Mi esposa y yo sabemos que no nos conviene llevar a nuestro hijo Joel de compras. Joel es un pequeño Abram. Este niño puede ver una oportunidad en cualquier comercio al que entre. Hay muy pocas cosas que estén a la venta, para las que él no encuentre algún uso. Sea en una juguetería o en una mercería, él nunca deja de encontrar algo que necesita desesperadamente y cree que debería tener. Siempre está listo para salir a poseer la tierra. Nosotros preferiríamos "poseerlo" a él y meterlo de nuevo en el auto, porque lo que no ve, no desea tener. Lo importante es que para tener algo, primero tenemos que verlo.

CONCENTRE SU VISIÓN

Hay cuatro áreas en las que necesitamos refinar nuestra visión. Primero, ¿me veo a *mí mismo* en forma correcta? ¿Cómo podemos vernos a nosotros mismos en la forma correcta? Si pasamos un tiempo en oración y meditación. Observemos cuáles son los problemas que surgen continuamente en nuestras vidas. ¿Qué clase de problemas son, y cuándo ocurren? Si sus problemas son de naturaleza similar, y ocurren en el mismo tipo de situaciones, es que usted nunca solucionó realmente su causa. Formúlese algunas preguntas: ¿Qué clase de circunstancias hacen que yo experimente emociones fuertes, ya sean positivas o negativas? ¿Con qué clase de personas paso el tiempo? ¿Qué dones espirituales poseo? ¿Estoy usándolos? ¿Cómo vivo a la luz de mi conocimiento de Dios? Si hay áreas en las que usted tiene fallas, intente descubrir cuáles son las causas.

Lo segundo que debemos ver son nuestros *deseos interiores.* Si usted pudiera ser cualquier cosa que deseara y hacer cualquier cosa que se le ocurriera, ¿qué sería o qué haría? ¿Qué le daría verdadero gozo en su vida? Si puede responder a esta pregunta, entonces ha descubierto cuáles son sus deseos interiores. Saber esto le ayudará a alcanzar la plenitud de su potencial.

También tenemos que ver nuestros *recursos*, sean internos o externos. ¿Cuáles son sus puntos fuertes personales? ¿A qué puede recurrir para ayudarse a poseer la Tierra? ¿Se rodea de personas que lo apoyan? ¿Usa sus experiencias anteriores para beneficio propio? ¿Aprovecha las oportunidades que surgen?

Cuarto, tenemos que poder ver claramente a nuestro *Dios.* Necesitamos verlo como el *Dios* "*que puede hacer muchísimo más que todo lo que podamos imaginarnos o pedir, por el poder que obra eficazmente en nosotros*" (Efesios 3:20).

DECIR: LA FE HECHA PALABRA

En Hebreos 11 hay una lista de ejemplos de fe activa. Los poseedores de esta fe son descriptos en forma resumida en el versículo 13:

> *Todos ellos vivieron por la fe, y murieron sin haber recibido las cosas prometidas; más bien, las reconocieron a lo lejos, y confesaron que eran extranjeros y peregrinos en la tierra.*

Primero, *vieron* las promesas; esta es la fe para ver. Después, confesaron, o *dijeron*, que eran extranjeros y peregrinos; esa es la fe hecha palabra.

PASOS PARA DECIR CON FE

Hay cuatro pasos necesarios para poseer una fe hecha palabra. ¿Cómo se transforma una creencia interna en una confesión externa? Primero necesitamos *confianza* para decir lo que creemos. Muchos grandes sueños mueren porque los soñadores no tienen suficiente confianza como para declararlos. Cuando no estamos seguros de nosotros mismos o de nuestros proyectos, generalmente guardamos silencio. No lo decimos, porque no queremos arriesgarnos.

Para hablar con fe es necesario *compromiso.* Muchos grandes sueños mueren porque los soñadores no están suficientemente comprometidos como para declararlos. Los demás no pueden seguir nuestras esperanzas interiores; ellos siguen nuestros compromisos visibles. Ver que el sueño nos consume y ver el compromiso que nos hace actuar para el cumplimiento de ese sueño, es lo que hará que los demás lo sigan. El compromiso es contagioso. La gente solo se dejará atrapar por lo que lo haya atrapado a usted.

El tercer paso para la fe hecha palabra es una buena *comunicación.* Muchos grandes sueños mueren porque los soñadores no tienen la capacidad de comunicarlos. Esto es muy importante. Hay cuatro maneras en que las personas aprenden: escuchar, comentar, observar y descubrir o participar. Descubrir o participar, es la forma más efectiva de aprender. Debemos ayudar a nuestra gente a descubrir el sueño por sí mismos, permitirles que participen. Deben oír hablar del sueño, comentarlo y verlo desarrollarse. No habremos comunicado efectivamente un sueño hasta que la gente que nos rodea participe en él.

Si vamos a decirlo, hay una cuarta cosa que necesitamos, y es *convicción.* Muchos grandes sueños mueren porque a los soñadores les falta convicción para actuar en relación con ellos. Hay una diferencia entre compromiso y convicción. El compromiso hace que yo continúe andando cuando las cosas se ponen difíciles. La convicción hace que los demás continúen andando cuando las cosas se ponen difíciles. Las personas que nos rodean son motivadas por las emociones, por nuestra convicción, esa sensación tangible de nuestro estado de ánimo. Las personas no siguen a un líder porque este tenga un carácter recto; siguen a un líder por su convicción. Las personas no hacen algo porque eso es lo correcto; lo hacen porque *sienten* que es lo correcto. Cuando actuamos según nuestras convicciones, los demás se sienten atraídos hacia nosotros. Sin convicción, quizá comuniquemos verdades, pero no tendremos discípulos. Tendremos personas que tienen las respuestas correctas, pero no personas que vivan vidas correctas.

Para decir en fe, entonces, es necesario confianza, es decir, saber; compromiso, es decir, hacer; comunicación, es decir, mostrar; y finalmente, convicción, es decir, sentir. Para tener una fe hecha palabras, hay que saber, hacer, mostrar y sentir, para poder finalmente decir.

Atrapar: la fe hecha acción

Pocos están dispuestos a cruzar el Jordán para atrapar el premio. Creo que hay cuatro razones por las que algunos llegan hasta la orilla del río pero no cruzan a poseer la tierra. Primero, están demasiado cerca del éxito como para arriesgarse a fracasar. El *temor al fracaso* probablemente sea lo que más impide que las personas ejerzan una acción positiva.

La segunda razón por la que no "capturamos" el sueño es que este nivel requiere *disciplina*. Para actuar en relación con nuestro sueño, es necesario algo más que quedarse sentado en el sofá. Hay que arremangarse y salir a trabajar. No se necesita nada de disciplina para soñar, pero sí para hacer realidad los sueños.

La tercera razón por la que las personas no atrapan su sueño es que en este nivel *se separan los que se preocupan de los que se comprometen.* He descubierto que es posible hacer que la gente diga que sí a prácticamente cualquier cosa. Es posible hacer que alguien se preocupe en cierta medida por algo. Pero hay pocas personas dispuestas a pasar de la preocupación al compromiso concreto.

Este nivel requiere de *tiempo.* Para poder atrapar nuestro sueño, tendremos que comprometer nuestro tiempo. Podemos decir lo que soñamos en un instante, pero muy pocas veces podremos llegar a atrapar un sueño que valga la pena en menos que toda una vida.

¡ASEGURE SU SUEÑO!

¿Cómo podremos estar seguros de que ese sueño de nuestra vida no se nos escapará? Yo sugeriría seis pasos:

Declarar los sueños.
Examinar los motivos.
Considerar las opciones.
Utilizar los recursos.
Eliminar lo superfluo.
Aceptar los desafíos.

Lo primero es declarar nuestros sueños. Escribirlos en un papel. Mirarlos. Después, examinar nuestros motivos. Tenemos que preguntarnos: ¿Por qué hago esto? ¿Tengo motivos puros, rectos? Si el motivo no es recto, el sueño morirá. Asegúrese desde el principio de que sus motivos son los correctos.

Considere todas las opciones. Ahora que ha declarado sus sueños y examinado sus motivos, siéntese y estudie todas las opciones que tiene. ¿Cuántas maneras hay de alcanzar esta meta? Hay más de una opción. Todos necesitamos un plan de emergencia; todos necesitamos más de un plan de emergencia. Después, utilice sus recursos. Busque personas que lo rodeen que tengan sueños similares y trabaje con ellas.

Elimine lo superfluo. Quítese de encima todo el exceso de equipaje que no es esencial; todo lo que le impide lograr su sueño. Además, acepte los desafíos. Imagínese las dificultades frente a sí y practique reacciones positivas y no negativas. Aprenda a extraer de esos desafíos lo mejor que Dios tiene para usted.

En febrero de 1973, cuando era muy común que las iglesias fueran a buscar a las personas para asistir a los cultos en autobuses, fui a una conferencia en Lynchburg, Virginia. Jerry Falwell hablaba de ese tema, y nos desafió a los 5.000 asistentes a soñar con un ministerio basado en el uso de los autobuses. Dios comenzó a hablar a mi corazón; decía: "John, en un año podrías llevar en autobús a la iglesia la misma cantidad de personas que asistían cuando tú llegaste a pastorear la congregación". La asistencia promedio en esa época había sido de 418 personas. Yo ni siquiera tenía un autobús. Recuerdo que volví al hotel Holiday Inn, me eché al suelo y le dije a Dios: "¿Señor, realmente quieres hacer esto?" Falwell había dicho: "Mañana vamos a darles una tarjeta y ustedes escribirán su nombre y el número de personas que irán a buscar en autobús para la iglesia, dentro de un año. Después pasarán al frente y leeremos las tarjetas delante de todos". Yo pensé: "¡Oh, no, van a leer esto delante de 5.000 personas de todo el mundo!" Me debatí durante toda la noche. Al día siguiente tomé la tarjeta y escribí "418"... ¡y ni siquiera tenía un autobús! Entregué la tarjeta y después de un rato la leyeron delante de las 5.000 personas. Yo pensaba: "Esto es lo peor que he hecho en toda mi vida". Pero hacerlo me motivó, porque lo había dicho. Falwell escribió una carta a la junta de mi iglesia contándoles sobre mi meta, y yo tenía que salir a conseguir el dinero para comprar los autobuses antes de presentarlo ante la junta. Lo mejor es que un año después, literalmente un año después de ese día, teníamos 438 personas que íbamos a buscar en autobuses de la iglesia. ¿Por qué? Porque salimos a atrapar nuestro sueño.

El primer paso para atrapar su sueño

¿Qué ve usted que Dios lo desafía a hacer o ser en el próximo año? ¿Con quién compartirá este sueño en las próximas dos semanas? ¿Cómo atrapará ese sueño para que sea una realidad? Tome quince minutos ahora mismo para escribir las respuestas a estas preguntas. Después escriba algunos pasos de acción que dará para atrapar su sueño. Coloque el papel donde ha escrito todo esto en un lugar visible. Léalo en la mañana, póngalo en práctica durante el día, evalúelo por la tarde y ore por ello cada noche. No permita que se le escape esta oportunidad. Hay muchas personas en este mundo que *ven* sus sueños. Algunas llegan a *decirlos.* Pero solo unas pocas personas en este mundo los *atrapan.* Escribir la respuesta a estas preguntas es el primer paso para llegar a conquistar sus sueños.

EL PRINCIPIO DEL 101%

La efectividad de nuestro liderazgo está determinada por nuestra capacidad para relacionarnos con los demás. Liderazgo es *influencia.* Ya sea un liderazgo positivo y efectivo, o uno negativo e inefectivo, cuando una persona lidera a otras, ejerce influencia sobre ellas; lo que dice, lo que piensa y lo que hace tiene influencia sobre aquellos que la siguen.

Su relación con los demás determina cómo influirá usted sobre ellos. ¿Están bajo su cuidado? ¿Deben responder ante usted? ¿Es usted coherente y accesible? ¿Proyecta una actitud positiva? Más que cualquier otra cosa, sus relaciones con las personas que lo rodean determinan hasta qué punto usted es efectivo como líder. Muchas veces tratamos de separar el liderazgo de las relaciones, y lo miramos desde el punto de vista de una posición, un título o un nombre.

El liderazgo relacional de Jesús

Juan 10 nos da una visión bíblica del liderazgo relacional. Jesús, cuando habla del buen pastor, dice:

> *Las ovejas oyen su voz. Llama por nombre a las ovejas y las saca del redil. Cuando ya ha sacado a todas las que son suyas, va delante de ellas, y las ovejas lo siguen porque reconocen su voz. Pero a un desconocido jamás lo siguen; más bien, huyen de él porque no reconocen voces extrañas* (Juan 10:3-5).

Hay tres componentes del liderazgo relacional en este pasaje bíblico. El primero es que el pastor conoce íntimamente a sus ovejas. Su relación con ellas es tal que las reconoce instantáneamente. Las ovejas conocen su voz y él conoce sus nombres. Está familiarizado con cada una de ellas.

El segundo componente del liderazgo relacional es que la relación está basada en la confianza. El pastor no solo conoce el nombre de sus ovejas, sino que estas confían en él. Escuchan su voz y se acercan a él, pero huyen de los extraños. De esto podemos aprender que los líderes deben ser dignos de la confianza de sus seguidores.

El tercer componente es que las relaciones se demuestran por medio del ejemplo. El pastor va delante de sus ovejas, y ellas lo siguen.

Alguien les preguntó a los principales ejecutivos de las más importantes compañías de los Estados Unidos cuál era la característica que más buscaban en los candidatos a trabajar en sus firmas. Por lejos, la mayoría de estos ejecutivos dijo que lo que ellos querían ver más que cualquier otra cosa en quienes entraran a trabajar en sus compañías era la capacidad de trabajar con otras personas. Naturalmente que desean que tengan ciertas capacidades y habilidades, pero más que eso, desean personas que puedan trabajar bien con otros. Si podemos relacionarnos bien con los demás, podemos sobrevivir casi a cualquier situación en la vida. John Rockefeller, creador de gigantescas corporaciones, dijo: "Estoy dispuesto a pagar más por la capacidad de tratar con las personas, que por cualquier otra capacidad que exista en este mundo".

Se envió una encuesta a 2.000 empleadores, donde se les pedía que estudiaran los expedientes de las últimas tres personas que habían despedido de sus trabajos, y se les preguntaba cuál era el motivo del despido en cada caso. En dos de cada tres casos, la respuesta fue la misma: esos empleados no se llevaban bien con otras personas. No habían perdido su trabajo porque les faltara capacidad, sino porque no tenían la capacidad de relacionarse adecuadamente con los demás.

Vamos a tratar dos temas en este capítulo: cómo manejar los conflictos en las relaciones, que según he descubierto es el problema número uno de quienes están en posiciones de liderazgo, y cómo crear relaciones sanas.

Cómo manejar los conflictos

El secreto para manejar los conflictos con éxito es vivir según el principio del 101%. Si hay alguien en su ámbito de liderazgo que tiende a ser obstinado, descubra el 1% en el que ambos están de acuerdo, y dedíquese por entero a eso; entréguele el 100% de su esfuerzo y su capacidad. Haga que ese 1% que comparten sea el lazo que los una.

Tenemos la tendencia de generalizar e idealizar las relaciones. ¿Recuerda la parábola de la oveja perdida? Una oveja desobedeció y desapareció; dejó la seguridad de la manada para salir a hacer las cosas a su manera. El pastor podría haber dicho: "Estaremos mejor sin ti; ¡vete y serás la cena de algún león!" Pero no; el pastor dejó las 99 que estaban seguras y salió a buscar la única que se había perdido (Lucas 15:4-6). Esto es un ejemplo del principio del 101%. El pastor buscó hasta que la encontró; gastó mucha energía para desarrollar esa relación precisamente con la oveja que había abandonado la protección del grupo. Ese es el principio del 101%.

Quisiera darle diez mandamientos para manejar los conflictos. Creo que le serán útiles, porque todos tenemos momentos en que debemos tomar una relación que no es sana, y tratar de llevar sanidad a ella.

LOS DIEZ MANDAMIENTOS PARA MANEJAR CONFLICTOS

Practique el principio del 101%. En la última iglesia que pastoreé, había un hombre que me causaba todo tipo de dificultades. Ya había hecho lo mismo con los dos pastores anteriores. En realidad, estoy seguro de que él fue la razón por la cual ambos dejaron la iglesia. Durante meses, pensé y oré en busca de formas de desarrollar una relación con este hombre, buscaba "el 1%". Él y su esposa habían adoptado dos hijos, y mi esposa y yo también habíamos adoptado dos. Una noche de Halloween llevé a mi hija Elizabeth, que en esa época tenía aproximadamente dos años, a la casa de este hombre, y golpeamos a la puerta. Yo ya había instruido a mi hija para que le diera un enorme abrazo y le dijera que lo amaba. Ella lo hizo, y él se derritió. Mientras él estaba allí parado, y lloraba, supe que había encontrado una grieta en su duro exterior, y el 1% que teníamos en común: los niños adoptados. Ese fue el comienzo de una relación que llegó a ser un verdadero éxito. Ese es el principio del 101%.

Ame a las personas más que a las opiniones. Cualquiera que ame a sus opiniones más que a sus amigos defenderá sus opiniones y destruirá a sus amigos. Quienes no son buenos para las relaciones generalmente tienen mayor consideración por sus opiniones que por las personas. Tenemos que dar un paso atrás y mirar qué cosas son realmente importantes para nosotros. ¿Nos ayudan estas cosas en nuestras relaciones, o son obstáculos para ellas?

Déles a los demás el beneficio de la duda. Generalmente nosotros nos gobernamos a nosotros mismos con el corazón, pero gobernamos a los demás con la cabeza. Tenemos misericordia de nosotros mismos, pero no de los demás. Si usted desea construir relaciones, siga esta regla: cuando trate consigo mismo, use la cabeza; cuando trate con los demás, use el corazón. Déles a las demás personas el beneficio de la duda.

Aprenda a ser flexible. Thomas Jefferson dijo una vez: "En cuestiones de principios, sed firmes como una roca. En cuestiones de gustos, seguid la corriente". En mi última iglesia, cuando decorábamos el santuario, a mí no me gustaba lo que hacían, pero también me di cuenta de que no era algo tan importante. Si se trata de evangelismo, nadie me moverá de mis convicciones; es asunto de principios. Pero si hablamos del color de las alfombras o del barniz de los bancos, seguiré la corriente. Aprenda a ser flexible en su vida. Cuanto más grande es un hombre, más flexible es. Los buenos líderes aprenden a decir: "Lo siento" más rápido que los seguidores. Los líderes eficaces saben cuándo retroceder; no sienten constantemente la necesidad de defender sus derechos; han aprendido a diferenciar entre principios y gustos; han aprendido a ser flexibles.

Preséntele una vía de escape a la persona que está en conflicto. He visto a personas que defienden sus acciones, no porque supieran que eran correctas, sino porque su orgullo les impedía reconocer la verdad. Solo un líder bien plantado permite que alguien que ha sido vencido pueda salir de la situación sin pasar vergüenza. Una vez que ha demostrado lo que quería demostrar, retírese.

Controle su propia actitud. Muchas veces las relaciones son equivocadas porque las actitudes no son las correctas. Debemos formularnos ciertas preguntas para saber si nuestra actitud es la correcta o no. Por ejemplo, si usted tiene conflictos con varias personas, hay muchas probabilidades de que el problema sea usted, no ellas. Pregúntese: ¿Estoy continuamente en conflicto, o se trata de una excepción? Si es una excepción, posiblemente su actitud no sea el problema. La actitud con que vemos a las personas determina en gran manera cómo percibimos lo que ellas sienten acerca de nosotros. Controle sus actitudes.

No reaccione en forma exagerada ante los conflictos. Sin duda, usted tendrá conflictos: no los haga peores al exagerarlos. No suelte una bomba cuando sería suficiente con una piedra y una honda. Si espera los conflictos, estará mejor preparado para manejarlos con sensatez.

No se ponga a la defensiva. Cuando estamos a la defensiva en una relación, nunca podemos ganar. Un líder seguro sabe cómo decir: "Lo siento. Me equivoqué. Entendí mal. Por favor, perdóname". Cuando nos defendemos, cuando saltamos a defender nuestros derechos, comenzamos una batalla. Nunca resolveremos nuestras diferencias si nos ponemos a la defensiva.

Acepte el conflicto. Haga del conflicto una experiencia de aprendizaje. La mayoría de nosotros no disfruta los conflictos, pero podemos estar agradecidos por ellos si nos sirven para aprender. Los conflictos pueden darnos como resultado una úlcera o una mejor comprensión; nosotros elegimos.

Arriésguese. La mayoría de las personas no trabaja para resolver los conflictos en las relaciones porque tiene miedo de arriesgarse. Si mi relación con usted no es firme, y usted extiende su mano hacia mí en un gesto de amistad, ¿cómo se sentiría si yo no la tomara? Primero, se sentiría ridículo allí parado con la mano en el aire. Segundo, se sentiría rechazado. Muchas personas no enfrentan sus conflictos porque no quieren ser rechazadas. No están dispuestas a correr ese riesgo.

Cierto día, cuando comprendí que iba a ser un líder, me senté y escribí todas las formas en que yo pensaba que un líder podía ser herido. Después que escribí decenas de ellas, las agrupé en diferentes categorías. Descubrí que los líderes siempre corren el riesgo de ser heridos. No permita que nadie lo convenza de que todos lo amarán siempre. Si usted está al frente y lidera gente, alguien va a herirlo. El tema no es si lo harán o no, sino en qué forma lo harán. Yo decidí que si alguien me hería, sería porque yo confío en las personas y me permito ser vulnerable ante ellas. Conozco personas que dicen: "Yo no me acerco a las personas para que no me hieran". He visto a muchos que se construyen fortalezas de cristal; que son buenos como maniquíes, pero muy malos líderes. Yo estoy dispuesto a ser herido en ese sentido, y por ello he descubierto que hay personas en las que yo confié y creí, que han crecido, porque yo me arriesgué a acercarme a ellas; porque me arriesgué a ser rechazado por ellas. Muchas veces, la mayoría de las veces, vale la pena correr el riesgo. Permítase ser vulnerable.

CÓMO CULTIVAR BUENAS RELACIONES

Afortunadamente, no siempre tenemos que enfrentar conflictos. Tenemos algunas relaciones buenas. ¿Cómo podemos hacerlas mejores aún? En Juan 10 encontramos tres cosas que podemos hacer para cultivar buenas relaciones: conocer a las personas, hacerlas crecer y darles el ejemplo. Las relaciones comienzan con el conocimiento, continúan con el crecimiento y llegan a su clímax con el ejemplo. Conocerlas: Jesús llamaba a sus ovejas por nombre. Hacerlas crecer: ellas escuchaban su voz y se acercaban a Él. Darles el ejemplo: Jesús caminaba delante de sus ovejas, y ellas lo seguían.

Conocerlas. Quisiera darle los pasos básicos para comenzar buenas relaciones. *Reconozca que necesita de los demás.* Para que sus relaciones se cultiven en forma adecuada, tendrá que admitir que necesita a otras personas en su vida. Pablo enseña que "hay muchos miembros, pero el cuerpo es uno solo. El ojo no puede decirle a la mano: 'No te necesito.' Ni puede la cabeza decirles a los pies: 'No los necesito'" (1 Corintios 12:20-21). Un cristiano es completo cuando está lleno del Espíritu Santo, pero también está complementado por diferentes amigos con sus dones particulares. Los amigos son esenciales. Reconozca que los necesita. Mientras no lo haga, no podrá tener relaciones sanas.

Crea en el valor de los demás. Carlisle dijo: "Un gran hombre demuestra su grandeza por la manera en que trata a un pequeño hombre". El valor que usted les dé a las personas determinará si usted es motivador o manipulador. Motivar es ir juntos para beneficio mutuo. Es que todos nos movamos juntos porque eso nos beneficia a todos. Manipulación es movernos todos juntos porque eso me beneficia a mí. Hay una diferencia. Con el motivador, todos ganan. Con el manipulador, solo el "líder" gana.

Concéntrese en las personas, no en los programas. Lo único que Dios rescatará de este planeta son sus hijos. Por lo tanto, si usted desea tener un ministerio que permanezca, debe construir las vidas de los demás. Hacer cambios en un programa no le dará permanencia; pero hacer que una persona cambie, sí. Algunas de las personas más infelices que conozco son aquellas que cambian y edifican programas. Por otro lado, las personas más felices que conozco son las que cambian y edifican a otras personas. ¿Dónde invertirá usted su vida? Concéntrese en las personas.

Hágalas crecer. Si usted desea que las personas crezcan, tendrá que estar a su alcance cuando ellas lo necesiten. Las personas que atraviesan momentos difíciles tienen necesidades muy profundas que usted puede esforzarse por satisfacer. Al hacerlo, descubrirá que se ha profundizado su relación con ellas. Para una relación es más importante el sentido de la oportunidad que el tiempo. Llegar a la vida de una persona cuando realmente lo necesita es más importante que estar con ella en todos los momentos en que no lo necesita. El sentido de la oportunidad es esencial.

Sea un líder confiable. Las relaciones crecen con la coherencia, y se resienten con la volubilidad. Sea accesible. ¿Alguna vez quiso ver a alguien que solía tener terribles cambios de humor, pero dudó en acercarse a alguien, porque no sabía si esa persona iba a tratarlo con cariño o iba a arrancarle la cabeza? Como líder, sea confiable, para que las personas siempre se sientan en libertad de acercarse a usted.

Sea un líder que reafirma a las personas. Las relaciones crecen si se dan en una atmósfera de afirmación. La mayoría de las personas son inseguras; y dado que necesitan aliento, usted debe reafirmarlas. Margaret y yo tuvimos una charla, hace poco, con el instructor de gimnasia de nuestra hija. A este hombre le resultaba difícil captar la importancia de darles seguridad a las personas; le resulta fácil señalar a sus alumnos cuando hacen algo mal, pero no sabe decir: "Eso estuvo bien. Estás haciendo mejor las cosas". Nosotros lo alentamos a utilizar la reafirmación positiva con Elizabeth. Reafirme a su gente. Así crecerán.

Sea un líder de recursos. Las relaciones crecen cuando una persona tiene respuestas para las preguntas. Conviértase en un solucionador de problemas. Tenga algo para contribuir. A todos nos gusta estar con personas que nos ayudan a extendernos, nos enseñan y nos ayudan a crecer.

Dé el ejemplo. Las personas hacen lo que ven. Al cultivar relaciones, tenemos que ser modelos de relaciones interpersonales sanas para los demás. A las personas no les importa cuánto sabe usted, pero sí saben cuánto le importan ellas a usted, y se dan cuenta de ello por la forma en que usted actúa, no por lo que dice.

En algunos estudios de líderes de empresas estadounidenses, se ha demostrado que los ejecutivos pasan las tres cuartas partes de sus días en el trabajo con otras *personas.* El elemento más costoso en la mayoría de las empresas son las *personas.* El bien más valioso de toda compañía son las *personas.* Todos los planes ejecutivos son llevados a cabo, o dejan de ser llevados a cabo, por *personas.* Nuestras relaciones con las personas determinarán el éxito de nuestro liderazgo. Podemos trabajar con las personas, o luchar contra ellas. Podemos ser arados o excavadoras. El arado remueve la tierra y la levanta para cultivarla y hacer de ella un buen lugar donde pueda crecer una semilla; la excavadora remueve la tierra para quitar los obstáculos del camino. Ambos son instrumentos útiles, pero uno destruye, mientras el otro cultiva. El líder "arado" ve en las personas riquezas que esperan ser descubiertas y cultivadas; el líder "excavadora" ve en las personas obstáculos que deben ser destruidos. ¡Dedíquese a cultivar!

RESUÉLVENOS LOS PROBLEMAS... ¡PERO SALVA A NUESTROS CERDOS!

Cuando dirijo una clínica para líderes de iglesias, les pido a los pastores que me digan todas las formas que se les ocurran en que pueden hacer crecer a una iglesia. Hablamos durante unos 15 ó 20 minutos, y escribo todo lo que ellos sugieren en una pizarra. En esa pizarra se encuentran todos los elementos esenciales para hacer crecer una iglesia. Después de repasar la lista, les señalo que todos *sabemos* cómo hacer crecer una iglesia. Todos tenemos cincuenta libros sobre iglecrecimiento en nuestras bibliotecas. Ya tenemos todas esas respuestas. El tema no es si *sabemos* cómo hacer crecer una iglesia, sino si estamos dispuestos a *pagar el precio* para que esto se haga realidad.

Cierta vez, cuando Jesús fue a la región de Gadara, un par de hombres poseídos por demonios le salieron al encuentro. Él echó fuera de ellos los demonios y los arrojó a un hato de cerdos. Los cerdos se precipitaron al mar y murieron ahogados (Mateo 8:28-34). Hasta que llegó Jesús, había un problema real en esa comunidad. Cada vez que alguien iba cerca del cementerio, los hombres poseídos salían, salvajes y desnudos, y lo atacaban. Pero la gente no se sintió feliz cuando sus cerdos se ahogaron, aunque con ellos también habían desaparecido los demonios. Querían librarse de los hombres poseídos, pero no querían perder sus cerdos.

Estas personas me recuerdan a los que quieren que Dios resuelva sus problemas sin que a ellos les cueste nada. Quieren todas las soluciones, pero que sean gratis.

Hay algunas observaciones acerca de este incidente que son evidentes. La gente misma no estaba dispuesta a pagar el precio necesario para que fuera solucionado su problema. Creo que esa es la lección más obvia. Ellos querían deshacerse de los poseídos, pero también querían salvar sus cerdos. También es interesante para mí que los hombres que estaban poseídos no habían querido dejar esa región. Querían quedarse allí mismo. Obviamente, sabían que era un buen lugar; habían encontrado presas fáciles en esa área.

Nosotros no queremos ser confrontados con cambios o problemas. Aun cuando Dios mismo los trae a nuestras vidas, queremos escapar de ellos. Deseamos ser liberados sin que eso nos perturbe. Queremos los beneficios sin pagar la cuenta. Queremos éxito sin sacrificio. Pero las cosas no son así. No podemos darnos el lujo de dejarnos llevar a un estilo de vida que coloca al reposo por encima de los resultados. Debemos recibir los cambios que el Espíritu Santo nos presenta y aceptarlos según sus condiciones y no según las nuestras. Y depende de nosotros marcar el paso para quienes nos siguen, cualquiera sea el costo.

Hablemos de los costos del liderazgo. ¿Qué precio debemos

pagar, realmente, para tener credibilidad, poder y autoridad en nuestro liderazgo?

Liderazgo es incomodidad

Para ser un líder exitoso, usted deberá experimentar muchas incomodidades.

En la revista *Success* (Éxito) de octubre de 1985, apareció un extracto de *Doing It Now* (Hacerlo ahora), de Edwin C. Bliss (Scribners) que realmente me atrapó.

Vivimos en una cultura que adora la comodidad. Durante este siglo hemos visto la más grande derrota de la incomodidad de toda la historia de la raza humana. Hemos aprendido a controlar nuestro ambiente con calefacción central y aire acondicionado. Hemos reducido los esfuerzos con máquinas y computadoras. Hemos aprendido a controlar el dolor, la depresión y el estrés. Hasta fabricamos antídotos electrónicos para el aburrimiento, como la televisión y los video juegos. La mayor parte de estas cosas son para bien, pero lamentablemente nos han creado la impresión de que el propósito de la vida es lograr un estado de nirvana, una total ausencia de lucha o tensión. El énfasis está en consumir, no en producir; en el hedonismo a corto plazo, más que en la satisfacción a largo plazo. Buscamos la gratificación inmediata de nuestros deseos, sin esfuerzos.

Pero la vida no es así; al menos, no para muchos, y no por mucho tiempo. Uno de los dichos favoritos de Benjamín Franklin era: "Sin dolor no hay ganancia". La gran meta de convertirse en lo que uno es capaz de llegar a ser puede lograrse únicamente si estamos dispuestos a pagar el precio, y el precio siempre implica sacrificio, incomodidad, cosas desagradables e incluso dolorosas.

LA CULTURA DE LA GRATIFICACIÓN

¿Cuáles son algunas de las señales que nos demuestran que nuestra sociedad actual está en búsqueda constante de gratificación? ¿Qué tal los restaurantes de comidas rápidas? ¿Las tarjetas de crédito? ¿Las clínicas especializadas en abortos? ¿La abundancia de abogados especializados en divorcios? La lista continúa. Queremos jugar; no deseamos tener responsabilidades. Queremos el puesto y el sueldo, pero no deseamos trabajar.

Veamos la vida del apóstol Pablo, uno de los más grandes líderes del primer siglo. Él entendió, quizá mejor que nadie de su época, lo que es pagar el precio de resolver nuestros problemas. En 2 Corintios 11:23-29 Pablo describe el precio que pagó por ser apóstol, el costo de su éxito como líder. Hay tres cosas que deseo destacar en este capítulo, mientras estudiamos la relación entre el liderazgo y la incomodidad.

Pablo nos diría que *nunca busquemos la comodidad.* Cuando vemos todas las aflicciones que debió pasar, podemos ver que él nunca consideró que tenía derecho a reclamar comodidades. Cuando escribió acerca de las veces que fue golpeado, que naufragó y que fue abandonado, no pedía compasión. Simplemente describía las experiencias reales que había vivido. Él comprendía que si la comodidad es nuestra mayor aspiración, nos perderemos las riquezas del reino de Dios.

Un profesor estadounidense hablaba con una cristiana soviética sobre el cristianismo en ambos países. La mujer rusa comentaba la diferencia entre recibir a Cristo en los Estados Unidos y recibirlo en la Unión Soviética. En Estados Unidos, el nuevo creyente entra a un templo confortable con un banco mullido, mientras que en la Unión Soviética el nuevo creyente se prepara para morir. Pablo nos dice que no busquemos la comodidad. Una persona no puede comprometerse con la comodidad y al mismo tiempo comprometerse con Cristo.

Nunca nos permitamos tener un plan alternativo. Cuando digo esto, no me refiero al aspecto administrativo. Los líderes que son sabios reconocen que algo puede salir mal, y deben cubrirse con planes alternativos; pero esto no es una lección sobre administración. Esto es una lección sobre cómo pagar el precio. No hay plan alternativo en lo que respecta al compromiso: o estamos comprometidos, o no lo estamos. Deshágase de las señales de "salida" en su vida. Mientras haya un camino de salida, un escape para casos de incendio, nos sentiremos tentados a utilizarlo en lugar de pagar el precio. No es necesario sobrevivir. Pablo no necesitó sobrevivir; estaba comprometido más allá del nivel de desear sobrevivir. No tenía planes alternativos que le permitieran escapar.

Nunca caigamos en una mentalidad de "mantenimiento". En ninguna parte encontramos que Pablo estuviera satisfecho con sólo "mantener" el trabajo realizado. Él nunca se conformó con lo bueno, cuando podía trabajar por lo mejor. Continuó esforzándose, sin dejar que sus colaboradores hicieran el trabajo que le correspondía a él. Lo que quiero decir es que Pablo no tenía una mentalidad de "mantenimiento"; su meta no era simplemente que las cosas continuaran como estaban. Estaba dispuesto a hacer olas y a no caerles simpático a algunos, aunque eso le costara incomodidades. No se contente con "continuar" cuando lo que necesita hacer es esforzarse para avanzar.

Liderazgo es insatisfacción

La insatisfacción es una herramienta que Dios puede utilizar para motivarnos a lograr cosas mayores. No estoy diciendo que seremos mejores líderes si no somos felices. Los líderes que no son felices tienen una gran capacidad para transmitir su infelicidad a sus seguidores. Cuando perdemos nuestra motivación y nuestro impulso, estamos en peligro de perder nuestra visión.

Una iglesia normal, en los Estados Unidos, sin importar de qué denominación sea, tiene aproximadamente 70 personas que asisten regularmente, porque ese es el número mínimo necesario para que una iglesia sobreviva. Si hablamos en términos generales, una congregación de 70 personas puede costearse la compra de un terreno, encender las luces y pagar parte del sueldo del pastor. Ese es el nivel de supervivencia, y una vez que las iglesias llegan allí, muchas de ellas dejan de crecer, porque ya pueden satisfacer sus necesidades básicas. La insatisfacción no se instala en ellas hasta que miran más allá de sus necesidades básicas y examinan su propósito general.

John Wesley fue una persona que comprendía que el liderazgo significa insatisfacción. Durante 54 años predicó un promedio de tres sermones diarios, lo cual da un total de 44.000 sermones. Para predicar, debió montar a caballo o viajar en un carro, y así recorrió un total de 320.000 km, es decir, aproximadamente 8.000 km por año. Wesley estaba tremendamente dedicado a la labor pastoral. Durante los últimos años de su vida, fue responsable de todas las iglesias de Inglaterra. Para hacer su tarea, se levantaba a las 04:00 todos los días y trabajaba hasta las 22:00, con solo unas breves pausas para sus comidas. A los 83 años se afligió mucho al descubrir que no podía escribir más de 15 horas por día sin dañarse la vista. A los 86 años le avergonzaba admitir que no podía predicar más de dos veces por día y lo enfadaba el hecho de que dormía hasta las 05:00 de la madrugada.

Charles Spurgeon fue conocido como "el príncipe de los predicadores". Como Wesley, no se contentaba con ser solo un gran orador; tenía pasión por la obra de Dios y nunca estaba satisfecho con la cantidad de almas que había ganado. A la edad de 30 años predicó a 5.000 personas en el Metropolitan Tabernacle, y no quedó satisfecho. Cierta vez fue invitado a enseñar en una universidad donde le costearían todos sus gastos, los de su esposa y su secretaria personal y. Además, le daban US$ 1.000 por clase durante un período de 50 días. Pero Spurgeon declinó la oferta: sugirió que en lugar de aceptar esos US$ 50.000, prefería quedarse en Londres y tratar de ganar 50 almas para Jesucristo.

Cuando yo estaba en la escuela secundaria, tuve el privilegio de conocer a E. Stanley Jones. Mi padre me hizo una cita con él, y tuvimos una entrevista que duró 15 minutos. Me firmó un par de libros y hablamos de lo hermoso que era estar en el ministerio. Él estaba cortado por la misma tijera que estos grandes hombres de los que hemos hablado. En el crepúsculo de su vida, escribió estas palabras desde su amada India, donde servía como misionero: "Muchas veces he dicho, medio en broma, que cuando llegue al cielo pediré 24 horas para ver a mis amigos y después iré a ver al Maestro y le diré: '¿No tienes algún mundo en que haya personas caídas que necesiten un evangelista como yo? Por favor, envíame allí, porque no conozco otro cielo que el de predicar el evangelio a la gente'. Eso es el cielo para mí. Lo ha sido hasta ahora, y lo será siempre".

Hemos estado hablando mucho de Pablo, un hombre que no se contentaba ni estaba dispuesto a ceder en su esfuerzo de alcanzar su elevado objetivo. Pero hay otros hombres y mujeres en la Biblia a los que la insatisfacción por la situación que vivían los motivó a alcanzar la grandeza. Nehemías estaba bien ubicado como copero en la corte del rey. Estaba rodeado de lujos, pero estuvo dispuesto a dejarlo todo para regresar a Jerusalén y ayudar a reconstruir sus murallas. Pensemos en Ester, la reina que se arriesgó a morir para rescatar a su pueblo del sufrimiento. Josué y Caleb podrían haberse quedado en el desierto con el resto del pueblo, pero no estuvieron dispuestos a conformarse con algo menos que lo mejor. ¿Por qué vivir en el desierto si podemos vivir en una tierra que fluye leche y miel? Moisés podría haberse quedado en la corte de Faraón, y disfrutar de todos los placeres y las riquezas de Egipto, pero decidió guiar a su pueblo en el éxodo.

Liderazgo es interrupciones

Muéstreme una persona que está en una posición estratégica de liderazgo, y le mostraré una persona que sufrirá molestas interrupciones. Debemos acostumbrarnos a las molestias, porque trabajar con personas significa que no hay garantías de que todo ande sobre rieles. Justo cuando pensamos que podremos lograr muchas de las cosas que tenemos planeadas, llega otra persona dolida y necesitada.

Debemos ser como los pilotos de aviones comerciales. Sabemos cuál es nuestro destino, pero no tenemos control sobre el clima. Una tormenta inesperada quizá nos obligue a cambiar el plan de vuelo. Hace poco yo estaba volando de Phoenix a San Diego y el clima estaba bastante malo, con mucha neblina y lluvia. Comenzamos el descenso, y pensé que llegaríamos sin problemas, hasta que de repente nos encontramos en medio de una enorme nube. Volvimos a subir y comenzamos a andar en círculos otra vez. El piloto sabía algo de vuelos. Tenía un horario para llegar, y quería aterrizar a las 09:10, pero también comprendía que las condiciones climáticas adversas podían hacer necesarios algunos cambios. En lugar de las 09:10 podía ser que llegáramos a las 10:10 ó 10:20, o podía ser que tuviéramos que ir a otro aeropuerto y de allí partir hacia el destino original por otro medio.

Como el piloto de un avión comercial, los líderes muchas veces debemos enfrentar interrupciones; algunas veces, muy molestas. El tema es si *respondemos* o si *reaccionamos* ante esas interrupciones. Reaccionar significa actuar negativamente. Si usted va a ver a su médico y él le prescribe un medicamento, su cuerpo puede reaccionar o responder a ese medicamento. Cuando usted regresa, tres días después, quizá su médico le diga que su cuerpo está reaccionando ante el medicamento, lo cual significa que su organismo no permite que aquél haga su efecto. O quizá le diga que su cuerpo está respondiendo al medicamento, es decir, que este está sanando su cuerpo; entonces usted mejorará.

Cuando tenemos interrupciones, ¿reaccionamos o respondemos? Yo debo recordarme continuamente cuán importante es responder. Las personas que están muy apegadas a sus planes, que tienen listas de cosas para hacer y metas bien definidas, siempre sentirán cierta tensión cuando hay interrupciones. Tenemos que recordar que el liderazgo es más que marcar con un tilde lo que hemos terminado en nuestra lista de cosas para hacer. Ser líder es satisfacer necesidades. Me temo que algunas veces nos dedicamos más a marcar con tilde que a satisfacer necesidades, y eso nos impide ser tan efectivos como podríamos ser.

Una clave para ser un excelente líder es no permitir que las interrupciones nos alteren. Maneje las interrupciones, pero no permita que lo consuman; continúe con los ojos fijos en la meta. Muchas personas toman atajos para evitar la necesidad y llegar a la meta, o se concentran en la necesidad y así olvidan la meta. Tenemos que hacer ambas cosas. Debemos ministrar a la necesidad al mismo tiempo que continuamos avanzando hacia la meta.

Un buen ejemplo de alguien que sabía cómo manejar positivamente las interrupciones fue el gran boxeador Gene Tunney, que le quitó el título de los pesos pesados a Jack Dempsey. Cuando Gene Tunney estaba en la Primera Guerra Mundial, se rompió las dos manos. Su médico, que era al mismo tiempo su mánager, le dijo que ahora sus manos eran frágiles; ya no podría volver a boxear. Pero Tunney decidió hacer un cambio en su estrategia. En lugar de confiar en la contundencia de su golpe, como antes, se convirtió en un boxeador estratégico; aprendió a moverse bien, a ganar puntos, a esquivar hábilmente los golpes. Cambió de estrategia, pero no de meta. Eso es exactamente lo que debemos hacer con las interrupciones. Tenemos que cambiar la táctica, manipular las circunstancias, pero continuar apuntando a la meta. He descubierto que hay tres pautas que pueden ayudarnos a manejar las interrupciones.

Primero: Descubra cuál es la voluntad específica de Dios para su vida. Nada nos mantendrá mejor en el camino a la meta que saber cuál es el propósito individual de Dios para nuestra vida.

Segundo: No ceda a los deseos de la carne. Si cede a los deseos de la carne, siempre tomará la salida más fácil. Oblíguese a hacer lo que hay que hacer, y desarrollará su carácter. Al desarrollar los músculos de su carácter, descubrirá que cada vez que deba usarlos estarán más fuertes.

Siempre que usted vaya a hacer algo grande para Dios, habrá 27.000 personas a su alrededor que le dirán por qué no podrá, ni debería ni logrará hacerlo. Lo único que estas personas hacen, es testificarle de sus propias experiencias. Ellas no han pagado el precio de la grandeza, y por lo tanto no comprenden cómo usted puede hacerlo. Pero los líderes eficaces, los que han pagado el precio, conocen el valor de los ejercicios que desarrollan el carácter. Saben que no pueden ceder ante los deseos carnales, ya sean los suyos propios o los de los demás.

Tercero: No se esfuerce por sobrevivir. Lea Gálatas 1:15-17, y verá estos tres principios en acción. Una vez que Pablo vio su meta, no miró ni a derecha ni a izquierda en busca del camino más fácil; simplemente avanzó en la dirección a la que apuntaba el dedo de Dios. La meta de Pablo no era sobrevivir; tampoco debería ser la suya. Es increíble lo que sucede cuando no medimos cuán felices somos o cuán extraordinario fue un día cuando nos basamos en lo fácil que nos resultó.

"¡QUE TENGA UN BUEN DÍA!"

¿Tienen que ser fáciles las circunstancias que le toca vivir en un día para que usted lo considere "un buen día"? Algunas personas solo son felices cuando están de vacaciones; así que solo pueden ser felices dos semanas por año. Es triste que la gente no pueda disfrutar de los problemas de la vida. Es triste levantarnos por la mañana y pensar que será un mal día porque vamos al trabajo, donde hay problemas que no deseamos enfrentar. Es triste empezar a buscar un escape en lugar de un desafío.

Hemos armado una sociedad en que las personas prefieren la salida fácil; nos hemos convertido en una cultura que sufre del "síndrome del alivio". Esta clase de sociedad no es buen terreno para la formación de líderes. Pero quienes están dispuestos a pagar el precio lo lograrán, y el mundo se sentará y se preguntará cómo fue que estos exitosos hombres y mujeres pudieron tener tanta suerte. No es cuestión de suerte; es, simplemente, que estas personas estuvieron dispuestas a hacer lo que todas las demás no quisieron hacer.

¿Qué condiciones se ha puesto usted para ser feliz en su servicio a Dios? Le animo a dejar el libro por un momento, al terminar este capítulo, y pasar un tiempo en busca de la respuesta a esta pregunta. Escriba lo que necesita tener para ser feliz. ¿Se trata del lugar donde debería vivir? ¿Es un salario que debería recibir? ¿Qué condiciones deben cumplirse?

¿Estamos realmente atacando los problemas de nuestra vida personal? No estamos en un campamento de Boy Scouts; estamos en el ejército de Dios. Debemos confiar en que Dios nos dará la valentía para avanzar y pagar el precio de ayudar a construir su reino.

El problema no es el problema

Podemos imaginar que tendremos un mal día cuando llamamos al Servicio de Asistencia al Suicida... y nos hacen esperar. Podemos imaginar que tendremos un mal día cuando prendemos la televisión para ver las noticias y nos muestran las rutas de escape que debemos tomar para salir de la ciudad. Podemos imaginar que tendremos un mal día cuando la bocina de nuestro auto se dispara sola y se atasca justo cuando delante de nosotros, en la carretera, hay un grupo de motociclistas de camperas negras y gestos ceñudos. ¿Alguna vez tuvo un día así? Creo que a todos nos ha pasado. Pero a medida que estudio a las personas y trabajo con ellas, descubro que no todas enfrentan los problemas de la misma manera. En realidad, conozco personas que tienen enormes problemas y, sin embargo, parecen estar bastante bien, silban despreocupadamente; y también están aquellas que tienen problemas relativamente pequeños y se sienten devastadas por ellos. He llegado a la conclusión de que el problema no es el problema. Los problemas que se ven en la superficie no nos moldean ni nos destruyen.

Quisiera darle algunos ejemplos. He aconsejado a muchos matrimonios, y he visto parejas que tienen problemas increíblemente difíciles que deciden vivir juntas y hacer funcionar su matrimonio, y se van y lo hacen. He visto otras parejas cuyos problemas parecen ser muy pequeños. Están un poco aburridas, pero solo necesitan hacer unos pocos cambios para que sus matrimonios puedan cobrar nueva vida; y sin embargo, veo cómo esos matrimonios se destruyen y llegan a divorciarse.

He observado cómo personas que tenían terribles problemas económicos salían de ellos. Y he visto a otras que no tenían problemas económicos tan graves, hundirse sin poder manejar el estrés.

En nuestra sociedad es muy común creer que somos víctimas de las situaciones que vivimos. La sociedad mira a una persona y dice: "Esa pobre persona nació del lado equivocado de las vías y no tiene oportunidad". La sociedad hace énfasis en el problema, más que en la persona. Ese es un grueso error. El problema no es el problema. Si se puede arreglar a la persona, el problema no será problema.

CÓMO RESPONDEMOS ANTE LOS PROBLEMAS

En un culto de bautismos, un domingo por la noche, un hombre entró al bautisterio y compartió un testimonio como yo nunca había oído. Cuando este hombre tenía catorce años, su hermana murió. Dos años después fue asesinado su padre. Sus primeros dos matrimonios terminaron en divorcio. Su hija mayor murió de cáncer cuando él se estaba divorciando de su segunda esposa. El año pasado, su hermano murió durante un robo en el comercio donde trabajaba. Dolor tras dolor hicieron que este hombre volviera a caer en las drogas y el alcohol, por lo cual su tercer matrimonio también fracasó. Para ser un hombre de poco más de treinta años de edad, ya había experimentado muchas tragedias. Pero al final habló de cómo Dios había cambiado su vida y le había dado una visión optimista. Había una sonrisa en su rostro, y confiaba en su futuro y confiaba en Dios. Había dejado de concentrarse en sus problemas para concentrarse en las promesas de Dios. El problema no es el problema.

Respondemos a los problemas y para ello nos basamos en dos cosas. Primero, respondemos en base *en lo que vemos* y *lo que buscamos.* Lo que vemos está determinado por nuestra perspectiva con respecto a la vida y nuestro nivel de discernimiento. Lo que buscamos son nuestros deseos, nuestros valores, nuestro propósito. Antes de poder entender los problemas y atacarlos eficazmente, debemos descubrir qué es lo que vemos y qué es lo que buscamos. Si podemos ver el problema pero no tenemos deseos de resolverlo, consideraremos el problema tal cual es, pero nunca lo resolveremos. Por otro lado, si deseamos realmente solucionar nuestros problemas pero no los vemos a la luz adecuada, nunca seremos tan efectivos como podríamos serlo.

Lo que vemos

Pablo veía correctamente los problemas. En 2 Corintios escribe sobre las dificultades que nos rodean por todas partes:

Nos vemos atribulados en todo, pero no abatidos; perple-

jos, pero no desesperados; perseguidos, pero no abandonados; derribados, pero no destruidos (4:8-9).

Pablo había sufrido naufragios, azotes, humillaciones y prisiones, pero veía que las dificultades que experimentaba eran muy pequeñas en comparación con la gloria de Dios (Romanos 8:18). Pablo superó sus problemas porque los vio bajo la luz adecuada.

Muchas veces tomamos un problema muy pequeño y lo convertimos en una terrible barrera en nuestras vidas. Eso generalmente sucede porque vemos al problema bajo una luz que no es la correcta. No lo vemos a la luz de la gloria de Dios.

Un día, el papá de Bobby entró al cuarto que daba a la calle y vio a su hijo que miraba a la calle por la lente más grande de un telescopio. Entonces le dijo: "Hijo, no se mira así por un telescopio. Si miras de esa manera, verás los objetos de tamaño mucho más pequeño. El telescopio es para ver las cosas más grandes". Pero Bobby sonrió y le dijo: "Papá, el bravucón que siempre me golpea está en la calle. Di vuelta el telescopio porque él es mi problema más grande, y quiero verlo más pequeño de lo que realmente es". La mayoría de nosotros, en lugar de mirar por la lente más grande del telescopio, y así reducir nuestros problemas, miramos por la más pequeña, y así los magnificamos de manera que llegan a parecer mucho mayores de lo que realmente son.

Experiencias pasadas

Vemos nuestros problemas según tres cosas: las experiencias pasadas, el ambiente actual y la evaluación personal. Comencemos con las experiencias pasadas. La forma en que hemos manejado los problemas en el pasado influye en gran manera en la forma en que los vemos hoy. Un escultor comienza su obra con un bloque de granito, un cincel y una maza. El novato espera que cada vez que apoye el cincel y golpee con la maza salte un trozo de granito, pero muchas veces no sucede nada. Después de un rato, deja a un costado el cincel y la maza, desalentado. ¿Por qué? Porque cada vez que golpea el cincel, espera ver un resultado tangible. El profesional que esculpe junto a él, ha trabajado en esto durante años. Pacientemente, toma la maza y golpea el cincel, y para el ojo inexperto, no sucede nada. Pero el veterano sabe que no es necesario que caiga un trozo de granito cada vez que golpea, porque comprende que cada vez que lo hace, debilita la piedra. Si tiene suficiente paciencia, a su tiempo saltará del granito el trozo que desea que salga.

Ver los problemas en base a nuestras experiencias pasadas puede ser bueno o malo. Si hemos tenido buenas experiencias en el manejo de los problemas, podremos enfrentarlos bien en el futuro; si hemos tenido malas experiencias, probablemente continuemos igual hasta que comprendamos mejor cómo tratar con las dificultades.

Una pareja fue de campamento a la montaña, y su guía les dijo: "Ahora bien, verán algunas serpientes, pero no se preocupen, no son ponzoñosas". Aunque el hombre tenía una tremenda fobia a las serpientes, salió a caminar solo al día siguiente. Cuando volvió al campamento, tenía las ropas desgarradas, y estaba golpeado y sangraba. Su esposa le dijo: "¡Dios mío! ¿Qué te sucedió?"

Él respondió: "Oh... caminaba por uno de los senderos más altos, y vi una serpiente. Entonces me tiré por el precipicio que tenía 15 metros de profundidad".

Ella le dijo: "Pero, querido, ¿no recuerdas que el guía dijo que las serpientes no eran ponzoñosas?" Y él respondió: "No necesitan ser ponzoñosas para hacerte saltar al precipicio". El daño ya estaba hecho. ¿Cuál era el problema de este hombre? El problema no eran las serpientes; era el miedo a las serpientes. Sus malas experiencias anteriores hacían que viera el problema en forma equivocada.

El ambiente actual

También vemos nuestros problemas a la luz de nuestro ambiente actual. Necesitamos recordar algo que es clave: los problemas que nos rodean no son tan cruciales como las personas que nos rodean. Nuestros problemas no nos vencerán; pero si las personas que nos rodean no saben manejar los problemas, entonces quizá sí seamos vencidos.

Hay dos maneras de responder a un ambiente lleno de problemas. Podemos ser como el jardinero que se enorgullecía de su jardín y lo conservaba hermoso. Un año su jardín fue atacado por la plaga del diente de león. El hombre intentó todo, pero no podía librarse de ellos. Finalmente, muy frustrado, envió una carta a la Secretaría de Agricultura donde explicaba todos los elementos que había probado y preguntaba qué debía hacer ahora. La respuesta que le envió la Secretaría era simple: "Intente acostumbrarse a ellos". Eso no era lo que el hombre deseaba oír. Tampoco es lo que nosotros deseamos oír, pero algunas veces es el mejor consejo que podremos escuchar. La persona que espera vivir en una sociedad libre de problemas llegará a sentirse tan frustrada como este hombre que pensaba que iba a poder quitar todos los dientes de león de su jardín.

El otro día vi una historieta que mostraba a un niñito en el interior de un auto, mientras observaba cómo su papá, que estaba afuera, bajo una intensa lluvia, cambiaba un neumático desinflado. El niño tenía la ventanilla baja, y le preguntaba a su padre por qué les sucedía esto. El padre lo miró y le dijo: "Hijo, ¿no comprendes? Así es la vida. Estas cosas suceden. No podemos cambiar de canal".

Hay otra cosa que debemos comprender. Quizá siempre haya dientes de león en nuestro jardín, pero no tenemos por qué permitir que ellos arruinen nuestras vidas. Durante la Segunda Guerra Mundial, un joven soldado se casó con una mujer y la llevó a su destacamento en el desierto de California. A la mujer no le gustaba el desierto; tampoco le gustaba la sequedad del ambiente; su esposo estaba fuera de la casa, en servicio activo, la mayor parte del tiempo, y ella se sentía muy solitaria y aburrida. Finalmente le escribió a su madre diciéndole: "Mamá, me voy a casa. No me gusta el desierto, no me gusta este ambiente seco y no me gusta que mi esposo no esté en casa. Es un lugar horrible para vivir". La madre le escribió una respuesta que constaba de solo dos líneas: "Dos hombres miraban a través de las barras de una prisión; uno veía cieno; el otro, estrellas". Esa joven esposa captó el mensaje, y decidió buscar las estrellas. Comenzó a aprender lo máximo posible acerca de los cactus y las flores del desierto. Estudió el idioma, el folclore y las tradiciones de los indios que vivían en los alrededores. Para cuando terminó el período de servicio de su esposo, ella estaba tan fascinada con el desierto que había escrito un libro acerca del mismo. Su problema no era el problema. Era la forma en que ella lo veía.

En Europa, en el siglo XV, la desesperación inundaba el continente. Probablemente fue el tiempo más descorazonador de toda la historia europea. En 1492, en *Crónicas de Nüremburg*, un alemán escribió que había llegado el fin; ya no quedaba nada por lo que valiera la pena vivir. Al final de su libro, este hombre dejó varias páginas en blanco en las cuales sugería a sus lectores que escribieran cualquier hecho o situación desalentadora que él hubiera omitido. Al año siguiente, 1493, un joven marinero regresó a su puerto en España con la historia más emocionante que jamás hubiera sido contada. Cristóbal Colón regresó a Europa y dijo: "Amigos, hay todo un nuevo mundo allá afuera. Dejen de mirar los problemas. ¡Arranquen esas últimas hojas del libro!" Cristóbal Colón no estaba dispuesto a permitir que el ambiente de su época decidiera el futuro de su sueño, y se negó a que los problemas presentes determinaran su futuro.

Evaluación personal

Cada uno es capaz de vencer los problemas que son de su tamaño. Las grandes personas solucionan grandes problemas, y las personas pequeñas solucionan problemas pequeños. Cuanto mejor es la imagen que una persona tiene de sí misma, más dispuesta estará a arriesgarse a enfrentar un problema grande. Cuanto más frágil es la autoestima de una persona, más renuente será a enfrentar un problema grande.

Los problemas pueden detenerlo por un tiempo, pero solo *usted* puede detenerse a sí mismo en forma permanente. No podemos enfrentar por mucho tiempo los problemas en una forma que no sea coherente con la imagen que tenemos de nosotros mismos. Si usted se considera como una persona de mucho valor, comenzará a atacar los grandes problemas. Podemos saber si crecemos emocional y espiritualmente por el tamaño de los problemas que estamos dispuestos a vencer.

Lo que buscamos

El tamaño de nuestros problemas es determinado no solo por cómo los vemos, sino por lo que buscamos en la vida. Una vez más, el problema no es el problema. Los problemas nos vencen cuando nos falta un propósito en la vida. Las personas que apuntan a una meta determinada no permiten que los problemas las desvíen de su meta. Si tienen suficiente pasión por alcanzarla, la alcanzarán.

La noche anterior al primer partido de fútbol que jugó mi hijo, su entrenadora hizo sentar a todos los niños y les dijo: "En realidad no me interesa que ganemos este año; me interesa en que ustedes aprendan a jugar al fútbol; que aprendan las reglas, los pasos fundamentales". Yo entendí lo que ella quería decir, pero me sentí tan orgulloso cuando mi hijo exclamó: "Pero, señorita, ¡yo quiero ganar!" Mi último consejo para él fue que tomara la pelota y saliera a hacer un gol.

Las personas que permiten vez tras vez que los problemas los saquen de su curso no tienen un propósito claro en sus vidas. Cuando tenemos un propósito, cuando realmente buscamos y deseamos lo mejor de la vida, nuestros problemas se hacen cada vez más pequeños. Así funciona: a medida que crece nuestro propósito, los problemas se empequeñecen. En la medida que se empequeñece nuestro propósito, los problemas crecen.

APRENDER EN LUGAR DE DESCANSAR

Nuestros problemas dejan de ser problemas cuando buscamos aprender en lugar de descansar. Muéstreme una persona que desea aprender de la vida, y le mostraré una persona que sabe enfrentar bien los problemas. Por otra parte, las personas que desean vivir vidas "tranquilas", para las que la vida no es más que una gran vacación, son las que se sienten frustradas por sus problemas. El psiquiatra M. Scott Peck ha escrito varios libros que fueron éxitos de librería en los últimos años, que incluyen *The Road Less Traveled* (El camino menos transitado).

Peck había decidido hacer algunos estudios de casos relacionados con el tema del mal. Al hacerlo, se convenció de que el mal era real, y se convirtió en cristiano. En su libro, Peck escribe: "Es en todo este proceso de enfrentar y resolver problemas que la vida encuentra sentido" (pág. 16). Además, dice que la vida no tiene significado mientras no aprendemos cómo manejar los problemas. Dice: "Los problemas son el filo que marca la separación entre éxito y fracaso. Los problemas nos obligan a utilizar nuestro valor y nuestra sabiduría; en realidad, son los que producen nuestro valor y nuestra sabiduría. Solo gracias a los problemas podemos crecer mental y espiritualmente... Es a través del dolor de confrontar y resolver los problemas que aprendemos. Como dijo Benjamín Franklin: 'Lo que hiere, instruye'". (pág. 16). Observemos lo que dice sobre las personas que desean evitar el dolor de los problemas: "Por temor al dolor que ellos implican, casi todos... intentamos evitar los problemas. Los postergamos... los olvidamos, simulamos que no existen. Hasta tomamos drogas que nos ayuden a ignorarlos, para que, al adormecer nuestra conciencia del dolor, podamos olvidar los problemas que causan ese dolor". (pág. 16). Finalmente remata la idea cuando dice: "Esta tendencia a evitar los problemas y el dolor emocional inherente a ellos es la base principal de toda enfermedad mental humana" (pág. 17).

El autor de la carta a los Hebreos dice de Jesús: "*Mediante el sufrimiento aprendió a obedecer*" (5:8). Los problemas crean situaciones en las que podemos crecer. Las mismas cosas que deseamos evitar en la vida son las que nos nutren y nos moldean hasta llegar a ser quienes debemos ser. El autor de Hebreos no dice que Jesús aprendió a obedecer *a pesar del* sufrimiento, sino *mediante* el sufrimiento. Los buenos líderes han aprendido este principio, y casi puede decirse que reciben de buena gana los problemas en sus vidas, pues saben que los ayudarán a acercarse a Dios y a las personas con las que deben relacionarse. Ellos han descubierto que el hecho de solucionar exitosamente los problemas les hace desarrollar una sensación de seguridad, no solo en ellos mismos, sino en Cristo Jesús.

Santidad en lugar de felicidad

Si estudiamos las vidas de personas que han sufrido mucho, como Helen Keller y Joni Eareckson Tada, rara vez encontramos que ellas sean escépticas. Los escépticos son los que no han sufrido mucho ellos mismos, sino que han estado en la torre de observación, y vieron cómo otros sufren. Son ellos los que preguntan "por qué". Son ellos los que se endurecen.

Buscar la santidad en lugar de la felicidad es difícil en la cultura en la que vivimos, ya que gran parte de esta está dirigida hacia la felicidad, hacia cualquier cosa que nos haga sentir bien. En una sociedad secular, el objetivo de la vida es ser feliz. En una sociedad espiritual, lo que más anhelamos es ser santos. Jesús dijo: "*Dichosos los de corazón limpio*" (Mateo 5:8). "Dichosos" significa "felices". En realidad, la felicidad se encuentra en la santidad. Pero si tratamos de evitar la santidad en nuestra búsqueda de la felicidad, perderemos esta última por completo. La felicidad es un resultado de la santidad; es el beneficio de vivir una vida pura, en una relación correcta con Dios, con nosotros mismos y con los demás. Así que, si usted desea vivir una vida feliz, esfuércese por vivir una vida santa.

Soluciones en lugar de compasión

Cuando buscamos soluciones en lugar de compasión, comenzamos a ver nuestros problemas bajo una luz completamente distinta. Una mujer había quedado confinada a una silla de ruedas para el resto de su vida, y una amiga le decía, para alentarla: "Sabes, en realidad las aflicciones le dan color a la vida". A lo que ella respondió: "Sí, pero yo elijo el color". A muchas personas se les resolvería el problema si buscaran soluciones en lugar de compasión. Debemos comprender que nuestros problemas seguirán estando donde están hasta que nosotros decidamos atacarlos. Algunas personas prefieren aferrarse a los problemas porque les gusta que los demás sientan compasión por ellas. Yo las desafiaría a que se atrevan a atacar sus problemas. Es mucho más gratificante recibir admiración que recibir compasión.

Quisiera terminar dándole algunos principios básicos para resolver problemas. Todos enfrentamos nuestros problemas en base de lo que vemos y de lo que buscamos. Si vemos nuestros problemas bajo la luz adecuada y si tenemos una meta que es más grande que nuestros problemas, no habrá ninguno que no podamos solucionar. Las personas más felices de la Tierra no son las que no tienen problemas; son las que han aprendido a apreciar las posibilidades de crecer que les ofrecen sus problemas.

Principios para resolver problemas

Nunca crea que un problema es imposible de solucionar. Estas nueve palabras le darán la actitud correcta para encarar la resolución de los problemas. Cuando trato con alguien que tiene un problema, es lo primero que le digo. Ahora bien, usted quizá piensa que *existen* problemas que son imposibles de solucionar. Pero yo le respondería que solo son imposibles para usted. No meta a los demás en su campo; hable por sí mismo. Yo no sé cómo solucionar todos los problemas, pero eso no significa que todos los problemas sean imposibles de solucionar.

Simplemente significa que no he encontrado la persona justa para ayudarme, o que no he trabajado lo suficiente, o que no he trabajado durante el tiempo suficiente o que no lo he pensado con detenimiento. Debo hacer uso de otros recursos. Todo problema tiene solución.

Un día, en un seminario de nivel superior para el doctorado en matemáticas, un profesor escribió un problema sin resolver en la pizarra. Los matemáticos habían tratado de resolverlo durante años. El profesor deseaba recalcar a sus alumnos que no había respuestas fáciles. Les dijo: "Este problema es imposible de resolver, pero quiero que pasen toda una hora en ese intento". Aproximadamente cinco minutos después, un alumno entró al salón. El alumno se sentó, vio el problema escrito en la pizarra, comenzó a trabajar en él... y lo resolvió; todo porque no había escuchado decir que ese problema era imposible de resolver. Me pregunto cuántos problemas usted y yo no hemos resuelto solo porque hemos escuchado decir que no tienen solución. La primera clave para resolver los problemas es tener la mentalidad correcta: todo problema tiene solución.

Defina el problema claramente por escrito. Es necesario que lo vea delante de usted. No piense el problema; escríbalo. Mientras no lo vea, correrá el riesgo de confundir los síntomas con el problema en sí. Al escribirlo claramente podrá separar los síntomas del problema real. Una vez que comience a visualizar todo el tema, su mente podrá comenzar a ver soluciones.

Organícese para dividir y vencer sus problemas. Los generales que realmente saben de estrategia militar no atacan todos los frentes simultáneamente; buscan un área débil en el frente, y atacan ese punto hasta que logran abrir una brecha. Esta táctica en particular funciona bien en cualquier tipo de guerra. Si usted tiene un problema que es necesario atacar, divídalo en partes. Supongamos que al observar el problema, usted distingue cinco áreas de dificultad; pregúntese cuál podría resolver más rápidamente y ocúpese de ella. Ahora el problema es un poco más pequeño. Ya no hay cinco partes, sino solo cuatro. Así que enfrente la próxima... y continúe haciéndolo hasta que haya desaparecido todo el problema.

Haga una lista de las personas y los recursos que podrían ayudarle a solucionar su problema. Comience a reunir recursos que puedan ayudarle a solucionar el problema: libros, grabaciones, personas. Nadie es una isla, y nadie resuelve los problemas solo. Este es un aspecto que muchas veces se deja de lado cuando se trata de resolver un problema. Muchas veces las personas tratan de resolver sus problemas y usan solo sus propios y limitados recursos, en lugar de usar la experiencia que puede aportar una ayuda externa.

Haga una lista de los posibles cursos de acción que se le ocurren. Escriba cinco o seis soluciones posibles. Muchas personas no resuelven los problemas porque intentan solo una solución. Si esta no funciona, llegan a la conclusión de que el problema no tiene solución. He descubierto que si me tomo el tiempo necesario para escribir todas las opciones y después comienzo a atacar el problema desde diferentes perspectivas y distintos puntos de vista, al menos una opción será una solución viable.

Visualice los diferentes cursos de acción. Repase mentalmente el proceso antes de intentar poner en práctica la solución. De esa manera podrá eliminar algunas opciones, porque se dará cuenta fácilmente de que no funcionarían.

Elija el mejor curso de acción y póngase en marcha. No se detenga en la elección; póngase en movimiento. No juegue a ser como el filósofo, que ve el problema pero no busca el remedio. Mire el problema, elija el mejor curso de acción y póngalo en práctica.

Nunca permita que los problemas le impidan tomar una decisión correcta. Muchas veces nos sentimos tentados a convivir con los problemas, porque si los solucionamos, alguien se sentirá herido. No evite la solución correcta por buscar una salida fácil. Esto es especialmente crucial para los líderes espirituales, porque tendemos a hacer lo que les resulte más agradable a las personas que lideramos. No deseamos herir a nadie, no queremos levantar polvareda. Hace ya mucho tiempo aprendí que los verdaderos líderes toman la decisión que es correcta aunque no les resulte agradable a todos.

También he aprendido que muchas personas nunca solucionan sus problemas porque esperan demasiado. Aún después de saber qué opción deben elegir, esperan, piensan que el problema de alguna manera se solucionará solo. Thomas J. Peters y Robert H. Waterman, en su libro *In Search of Excellence* (En busca de la excelencia), señalan que un laboratorio puede producir soluciones, pero eso no significa que esas soluciones funcionen. Podemos quedarnos en el laboratorio con los ratoncitos todo el día, pero los problemas no se disolverán. Tenemos que tomar la solución y aplicarla al problema.

Lo que usted ve y lo que usted busca determinarán su éxito o su fracaso. El éxito en resolver problemas tiene más que ver con la persona que con el problema. Quizá usted no pueda elegir el problema, pero sí puede elegir la forma en que responderá a él. No es lo que le sucede *a usted*; es lo que sucede *en usted.* El problema no es problema... una vez que usted lo ve bajo la luz correcta y busca metas elevadas en su vida.

EL FRACASO NO ES EL FINAL

Quizá le resulte difícil creerlo, pero las personas exitosas fracasan casi tantas veces como las que no tienen éxito. En realidad, en promedio, las personas exitosas fracasan dos de cada cinco veces que intentan algo, y las personas no exitosas fracasan tres de cada cinco veces. No es demasiada la diferencia, ¿verdad? La verdad es que hay muchos aspectos similares entre la persona que falla tres de cada cinco veces y la que falla dos de cada cinco veces, aunque una puede ser clasificada como exitosa y la otra sería tildada de no exitosa.

El primer aspecto similar es que ambas fracasan. No hay ni una sola persona que nunca haya experimentado un fracaso. La segunda similitud es que todas fracasan con frecuencia. No se trata de que fracasamos solo una vez y luego caminamos el resto de nuestra vida con extremo cuidado para de esa manera no volver a fallar. El fracaso es algo que experimentamos todos los días. Y tercero, todos continuaremos fracasando hasta el día de nuestra muerte. La muerte es lo único que nos evitará proseguir fracasando. Algunas veces tengo la sensación de que la gente trata de andar de puntillas para llegar a la tumba sin hacer lío durante el camino.

¿Por qué el fracaso edifica a algunos y destruye a otros? ¿Cómo puedo hacer que el fracaso me convierta en una persona mejor?

Concéntrese en el éxito

Muchas personas se concentran en el fracaso en lugar de concentrarse en el éxito. Muy pocas se concentran en el éxito en lugar de en el fracaso. Aquí está la clave.

¿Alguna vez escuchó a alguien decir: "No voy a cometer un error en esto; voy a evitar ese obstáculo"? Y después hace justo lo que trataba desesperadamente de evitar. Lo que sucedió es que se concentró en la caída, en el fracaso, en la falla, en el problema que estaba allí delante de sus ojos... Y, como dice el proverbio, *"como él* [el hombre] *piensa en su interior, así es él"* (Proverbios 23:7).

Ray Meyer, quien fuera entrenador de básquet del equipo DePaul durante 42 años, tuvo 42 temporadas de victorias consecutivas antes de retirarse hace algunos años. Una temporada, su equipo tuvo una racha de 29 partidos consecutivos ganados como locales; hasta que finalmente perdieron uno. Los reporteros estaban ansiosos por entrar a los vestuarios para entrevistar a Meyer acerca de la derrota y preguntarle cómo lo había afectado. Meyer, con una sonrisa les dijo: "Esto es genial. Los últimos diez o doce días pensamos solamente en esta racha ganadora. Nos hemos esforzado para no perder en cada partido.

Ahora que perdimos uno, podemos volver a concentrarnos en ganar". Quienes se concentran en el fracaso se preparan para fracasar.

Un día, cuando el equipo de los Raiders estaba en Oakland, un reportero entró al vestuario para hablar con Ken Stabler. Stabler no era demasiado intelectual, pero era muy bueno en su juego de defensa. Este reportero le leyó un trozo de prosa inglesa: "Prefiero ser cenizas, a ser polvo. Prefiero que mi chispa arda en brillante resplandor, a que se sofoque en una seca putrefacción. Prefiero convertirme en un soberbio meteoro, y cada átomo de mi ser, en un magnífico fulgor, a transformarme en un planeta somnoliento e inestable. La función adecuada para un hombre es vivir, no existir. No malgastaré mis días intentando prolongarlos. Haré uso de mi tiempo". Después de leerle este texto al jugador, el reportero le preguntó: "¿Qué significa esto para usted?" Stabler inmediatamente replicó: "Apunta bien al fondo". Vaya tras el objetivo. Salga a ganar en la vida.

Considere al fracaso como un amigo

La segunda observación es que hay muchas personas que consideran a sus fracasos como enemigos. Miran una caída y ven un enemigo. Esta forma de pensar, en sí misma, es un error. El fracaso debe ser considerado como un amigo. Su reacción ante el fracaso determina lo que usted hace con él. Por ejemplo, si usted trata a su fracaso como un enemigo, lo esconderá. Si falla en una cierta área, deseará salir de ella, sea lo que fuere: un trabajo, un matrimonio, una relación, incluso un *hobby*. Si trata a su fracaso como un enemigo, tomará demasiado en serio sus errores. Estará lleno de ansiedad. Cada error será una situación de vida o muerte.

Por otra parte, si usted puede ver al fracaso como un amigo, una ayuda, entonces reaccionará positivamente ante él. Solo cuando somos abiertos y honestos en relación con un error, podemos aprender de él. Cuando nos detenemos a pensar cuántas veces realmente arruinamos las cosas, es un desperdicio dejar que esos intentos fallidos se desaprovechen. Así que... aprenda de sus errores, y después aprenda a reírse de ellos. Ningún error es suficientemente grande como para hundir a una persona.

Cuando yo pastoreaba mi primera iglesia, un amigo del seminario también hacía su primer pastorado en una iglesia a unos 30 km de donde yo estaba. Una o dos veces por mes nos reuníamos para comer, junto con nuestras esposas. Dado que yo era nuevo en el trabajo, cometía miles de errores, gruesos errores, ¡todos los días! Así que cuando nos reuníamos yo hablaba sobre mis errores y mis fracasos. Después de dos o tres reuniones, me di cuenta de que Mike no comunicaba nada; él y su esposa estaban a la defensiva. Su esposa decía cosas como: "Oh, Mike jamás haría algo como eso", o "Mike nunca permitió que eso sucediera". Mi esposa, por el otro lado, decía: "¡Tendrían que ver cómo manejó John esa situación!" o "¡Ayer John metió la pata bien a fondo!" Parecía que Mike nunca cometía un error. Si había algún problema en su iglesia, era siempre culpa de los otros.

Cuando Mike ya había pasado su primer año de pastorado, tuve una serie de reuniones en su iglesia. Una noche, mientras cenábamos, Mike comenzó a hablar de los "tontos" que había en su congregación. "Este tonto no hace esto, ese tonto no quiere hacer aquello". Después de 30 minutos, su conversación ya me daba náuseas. Pensé: "No puedo dejar que esto continúe así para siempre", así que dejé el tenedor y le dije: "Mike, quiero decirte algo. ¿Sabes por qué es que tienes tantos 'tontos' en tu iglesia?" Él también dejó su tenedor y respondió: "No, pero me gustaría saberlo". Así que le dije: "¡Es porque tú eres el más tonto de todos!" De repente, mi digestión mejoró tremendamente, pero ahora el que no podía tragar era Mike.

Dos años después, me llamó por teléfono para decirme que iba a dejar a esos "tontos" para irse a otro Estado, a una iglesia que fuera realmente "buena". Mike no había aprendido nada de sus fracasos, porque los consideraba sus enemigos. Recuerdo que colgué el teléfono y le dije a Margaret: "Mike se va a otra iglesia en otro Estado. Le doy seis meses para que empiece a encontrar 'tontos' allí. Si no admite que él es el problema, que él es el que necesita hacer algunos cambios, va a tener más problemas". Naturalmente, Mike duró unos seis meses en la nueva iglesia. Esta vez, no solo había tontos en la iglesia, sino en la junta del distrito y en todo el liderazgo que lo rodeaba. Así que decidió iniciar su propia iglesia independiente. La última vez que supe de él, había dejado el ministerio. ¿Qué sucedió? Mike siempre había considerado a sus fracasos como enemigos, y siempre había culpado de ellos a otras personas.

Hay mucha verdad en la afirmación de que una persona no es un fracaso hasta que le echa la culpa a otro. ¿Recuerda a Jimmy Durante, el comediante que tenía la nariz tan grande? Muchos se hubieran escondido en un rincón de la vida y tratar de ocultar esa nariz, pero Jimmy no lo hizo. Alguien le preguntó una vez cómo hacía para aceptar esa nariz tan descomunal, y respondió: "Todos somos narigones". Lo que él quería decir es que todos tenemos peculiaridades. Si nuestra peculiaridad no está en el rostro, está en algún otro lugar; quizá en nuestra mente o en nuestros hábitos. Cuando admitimos que somos "narigones", en vez de defendernos, sin importar dónde esté nuestra peculiaridad, podemos comenzar a reírnos de nosotros mismos, y el mundo reirá con nosotros.

Haga una pausa por un momento y escriba el último gran error que usted cometió. Debería costarle muy poco recordarlo.

¿Cómo reaccionó ante ese error? ¿Es su amigo? ¿O su enemigo?

Considere el fracaso como un momento

Muchas personas, cuando fallan, levantan un *monumento* al fracaso, y pasan el resto de sus vidas en brindarle homenaje. No muchos de nosotros consideramos al fracaso como un *momento*; una experiencia pasajera. ¿Hace usted un monumento cuando fracasa, o lo considera algo que sucedió en un momento y ya ha terminado, que es pasado? Charles Kettering dijo: "Prácticamente nada sale bien la primera vez. Los fracasos reiterados son mojones en el camino hacia el éxito. La única vez que no fallamos es la última vez que intentamos algo y funciona. Siempre fracasamos hacia adelante". Me gusta esa expresión de "fracasar hacia adelante". Cada fracaso es un avance hacia el éxito.

La gente hace monumentos de sus fracasos cuando dice: "Lo intenté, y no funcionó. Me dijeron que no podía hacerse, y tenían razón". Mark Twain dijo que si un gato se sienta sobre una hornalla caliente una vez, nunca volverá a sentarse sobre una hornalla caliente. El problema es que tampoco se sentará en la hornalla aunque esté fría. El gato no volverá a sentarse sobre una hornalla, porque cada vez que ve una, ve un fracaso ardiente. Abraham Lincoln dijo algo muy sabio: "Mi gran preocupación no es si has fallado, sino si te has contentado con ese fracaso".

¿Qué más pone la gente en su monumento al fracaso, además de "Lo intenté y no funcionó", y "Me habían dicho que no podía hacerse"? ¿Qué le parece: "Desearía haber hecho esto o aquello"? Hay personas que se pasan toda la vida deseando en lugar de salir a hacer. Nunca se aventuran al campo de acción; se quedan sentados, tristemente, a un costado, y pasan el tiempo deseando hacer algo.

Otros dicen: "Nunca permitiré que vuelvan a herirme así". Y se quedan tan lejos de todo lo que sea riesgoso, que la vida les pasa de largo. Ven el gozo que experimentan los que se arriesgan, pero no lo comparten.

Otra inscripción común en los monumentos al fracaso es: "No puedo cambiar. Así soy yo". Esto está escrito en los monumentos de las personas que dicen: "Los líderes nacen, no se hacen. Yo no soy líder. Crecí en el lugar equivocado. No puedo evitarlo".

Hay un detalle curioso en cuanto a las personas que construyen grandes monumentos al fracaso: no desean aceptar la responsabilidad por la construcción. No están dispuestas a aceptar su culpa. Les resulta mucho más fácil atribuir sus fracasos a otras personas. Su filosofía de vida es: "Las circunstancias hicieron de mí lo que soy".

VEA AL FRACASO DESDE EL INTERIOR

Mi cuarta observación es que muchas personas tienen una visión demasiado amplia del fracaso. Se apresuran a tildar cualquier intento de fracaso. Si no ven un resultado positivo inmediato, ven un enorme error. El fracaso no es el resultado externo, es la actividad interna.

Cierta vez, Thomas Edison hacía experimentos: buscaba obtener una goma de origen natural. En esa búsqueda tuvo 50.000 fracasos. Su asistente le dijo: "Señor Edison, hemos hecho 50.000 experimentos, sin tener ningún resultado". Edison replicó: "¡Resultados! Tenemos maravillosos resultados. Ahora conocemos 50.000 formas en que esto no funciona". Thomas Edison sabía que hay solo una cosa que puede considerarse fracaso, y es dejar de intentar.

Muchas veces las personas que fracasan con frecuencia siguen esta filosofía: si no tengo un éxito inmediato, destruiré toda evidencia de que lo intenté. Lo hacen porque ven al fracaso desde afuera. Lo que el mundo juzga como un obvio fracaso muchas veces no es tal, en lo más mínimo. Si estudiamos historia, descubriremos que el mundo ha catalogado como fracasos algunos hechos que han sido los más grandes éxitos de la humanidad. Algunos ejemplos: el banquero que le dijo a Alexander Graham Bell que sacara ese "juguete" (¡el teléfono!) de su oficina; el productor de Hollywood que escribió: "Rechazado" en el guión de "Lo que el viento se llevó"; el mayor inversor de Henry Ford, que en 1906 pidió vender todas sus acciones; el señor Roebuck, que pidió que se vendiera su parte de la tienda Sears Roebuck por US$ 25.000, pues pensaba que jamás lograría grandes ventas (la última vez que leí acerca de Sears, me enteré de que venden US$ 25.000 en mercadería... cada dieciseis segundos.) ¿Ve usted al fracaso desde el interior, o desde el exterior?

El fracaso puede ser un éxito

Muchas personas fracasan, y nunca usan ese fracaso para su provecho. Muchas veces, nuestro fracaso es en realidad un éxito. Siempre que usted aprende de un fracaso, ha dado un paso enorme hacia el éxito.

Hace poco leí un gran artículo sobre liderazgo en el que el autor comentaba el hecho de que una característica que distingue a los líderes exitosos de los que les siguen detrás es que los líderes exitosos aprenden de sus fracasos. Quisiera citar un par de frases: "Los líderes usan bien su energía porque aprenden de los fracasos, y por lo tanto pueden alcanzar metas más elevadas. Casi todos los pasos en falso que dan son considerados por ellos como oportunidades, no como el fin del mundo. Están convencidos de que ellos pueden aprender y, lo más importante, de que sus organizaciones pueden aprender de los fracasos".

Tom Watson padre, que fundó IBM, tenía un joven ejecutivo que gastó doce millones de dólares de la compañía en un experimento que fracasó. El ejecutivo puso su carta de renuncia sobre el escritorio de Watson, y dijo: "Estoy seguro de que usted desea que renuncie". Watson le dijo: "No, no quiero que renuncie. Acabo de gastar doce millones de dólares en su educación; es hora de que se ponga a trabajar". Watson sabía que existe el fracaso exitoso.

Nuestro fracaso es un éxito cuando *el fracaso nos impulsa a seguir intentándolo.* Aquellos obstáculos que aparentemente terminarán con nosotros pueden impulsarnos a subir hasta la cima. La mula preferida de un granjero cayó en un pozo. Después de estudiar la situación, el granjero llegó a la conclusión de que no podía sacar a la mula del pozo, así que lo mejor sería que la enterrara allí mismo. Consiguió un camión lleno de tierra, se acercó al pozo y arrojó toda la tierra en el pozo, encima de la mula. Cuando la mula sintió que la tierra le caía encima, comenzó a estornudar y dar patadas. Mientras daba patadas, comenzó a pisar la tierra que caía. El granjero seguía arrojando tierra, y la mula subió pisándola, hasta que salió del pozo. Luego se alejó, bastante sucia pero mucho más sabia. Lo que había sido pensado para enterrarla sirvió para salvarla. Ese fracaso fue un éxito.

Nuestro fracaso es un éxito cuando *vemos nuestros errores y estamos dispuestos a cambiar.* El error más grande que podemos cometer es no corregir el primer error. Cuando vemos en dónde fallamos, debemos esforzarnos para asegurarnos que no vuelva a suceder.

Nuestro fracaso es un éxito cuando *nos descubrimos como realmente somos.* Al leer las biografías de grandes hombres, me han impresionado dos cosas. Primero, algunas de las personas más exitosas del mundo comenzaron siendo fracasadas; segundo, al fracasar, se encontraron a sí mismas y descubrieron su propósito en la vida. Le daré algunos ejemplos. Nathaniel Hawthorne fue despedido de su puesto en un negocio de pedidos por encargo en Salem, Massachussets. Llegó a su casa después de perder su trabajo, se sentía totalmente vencido y su esposa le dijo: "Ahora puedes escribir ese libro que toda tu vida quisiste escribir". De esa situación surgió *La letra escarlata.* James Whistler no logró ingresar a la academia militar West Point. Se graduó como ingeniero, y fracasó en los negocios. Después decidió dedicarse a la pintura... y todos conocemos su éxito. Phillips Brooks comenzó como maestro, pero no logró ningún éxito en las aulas, por lo que fue al seminario y finalmente se convirtió en un predicador extraordinario. Estos hombres tuvieron éxito en el fracaso.

Nunca abandone por causa del fracaso

Muchas personas nunca comienzan algo por miedo al fracaso; hay muy pocas que nunca abandonan por causa del fracaso. Samuel Johnson dijo: "Nada intentaremos si primero debemos remover todos los posibles obstáculos." ¿Alguna vez se privó de comenzar algo porque deseaba que todas las condiciones fueran perfectas antes de empezar? Si ese es su criterio para arriesgarse, nunca logrará nada. La perfección no garantiza el éxito; en cierto modo, hasta es un obstáculo.

El primer paso para tener éxito es empezar. Muchos no llegamos a la cima de la escalera porque no lo intentamos con suficiente frecuencia. En 1915 Ty Cobb marcó el récord de bases robadas en béisbol: 96. Siete años más tarde, Max Carey, de los Piratas de Pittsburg, se convirtió en el segundo récord, con 51.

¿Significa esto que Cobb era el doble de bueno que Carey, su segundo? Veamos los hechos: Cobb intentó 134 veces; Carey, 53. Cobb falló 58 veces; Carey solo falló 2. Cobb tuvo éxito 96 veces; Carey, solo 51. El porcentaje de éxito de Cobb fue solo del 71%. El de Carey fue del 96%. El promedio de Carey era mucho mejor que el de Cobb. Cobb intentó 81 veces más que Carey. Pero esta es la clave: sus 81 intentos adicionales produjeron 44 bases robadas más. En una temporada, Cobb se arriesgó a fracasar 81 veces más que su rival más cercano, y ha quedado en la historia como el más grande corredor de bases de toda la historia. ¿Por qué? Porque se negó a fracasar.

Babe Ruth logró 714 jonrones, y lanzó la pelota afuera 1.330 veces. Si estaba en un mal momento como bateador, no se molestaba. Seguía con su sonrisa y movía el bate. Durante un período no demasiado bueno de su juego, un reportero le preguntó: "¿Cómo haces para no sentirte desanimado?" Ruth le dijo: "Sé que por la ley del promedio, volveré a subir si sigo moviendo el bate. En realidad, cuando estoy en un mal momento, me siento mal por el que le toca lanzar la pelota, porque sé que tarde o temprano tendrá que pagar por ello".

SIGA GOLPEANDO CON EL BATE

Mi sobrino Eric estaba en su primer juego de la liga infantil de béisbol, hace tres años. Era el más pequeño del equipo, así que fui a alentarlo. Era su primer turno para batear, y estaba muerto de miedo. En el montículo, preparado para lanzar la pelota, estaba el chico más grande del otro equipo. Siempre el niño más grande del otro equipo es el que debe lanzar la pelota, y siempre se llama Butch. Pues bien, Butch arrojaba la pelota muy bien; una, dos, tres veces. Mi sobrino ni siquiera pudo despegar el bate de su hombro. Vi cuán aliviado se sintió Eric cuando pudo golpear la pelota afuera y fue su turno de salir del campo de juego. Pero el entrenador estaba furioso, y comenzó a gritarle a Eric por no haber movido el bate (mucho menos golpear la pelota), y los espectadores se estaban volviendo locos. Yo decidí que no podía permitir que esto le pasara a alguno de mi familia, así que me acerqué a él y le dije: "Eric, no sé qué te ha dicho el entrenador, pero quiero decirte algo. El objetivo del juego *no es* golpear la pelota. El objetivo del juego es *mover el bate.* Ni siquiera intentes darle a la pelota. Simplemente, la próxima vez que te toque salir al campo de juego, mueve el bate. Cada vez que Butch lance la pelota, tú toma el bate y muévelo, las tres veces, y yo te alentaré".

Entonces llegó nuevamente el turno de Eric. Esta vez la pelota acabó en el guante del receptor antes que Eric se diera cuenta siquiera de que había pasado a su lado, pero igual movió el bate. Yo me puse en pie y grité: "¡Lo moviste muy bien, muy bien!" La gente me miraba como si yo estuviera un poco loco, pero no me importó. La segunda vez, Eric volvió a mover el bate, y no llegó a pegarle a la pelota. No me importó: "¡Muy bueno, muy bueno!" La tercera vez, la arrojó afuera, y yo me levanté de un salto para alentarlo. Mi sobrino estaba muy orgulloso porque había hecho lo que se suponía que debía hacer: mover el bate. Así que Eric estaba feliz, y yo también. Margaret miraba el partido conmigo, y no estaba muy feliz. Pensaba que yo hacía el papel de tonto, así que me dijo: "Iré al auto a leer un rato".

Me acerqué a Eric, le acaricié el cabello, y le dije: "Estuviste muy bien. La próxima vez que Butch arroje la pelota, tú mueve el bate, las tres veces". Eric se levantó, un poco más confiado en sí mismo, porque lo único que tenía que hacer era mover el bate. Butch arrojó la pelota y a la tercera Eric la arrojó afuera, y yo volví a ovacionarlo.

Yo sabía que, durante la temporada, si Eric seguía moviendo el bate, finalmente en algún momento la pelota haría contacto con él. Y claro, cuando Eric se levantó para entrar al campo de juego por cuarta vez, la pelota accidentalmente dio en el bate. Corrí junto con él hasta la primera base, y lo alenté durante todo el camino. "No te detengas, Eric. ¡Sigue corriendo!" Cuando Eric llegó a la tercera yo seguía corriendo junto a él, y juntos volvimos sin problemas al punto de partida.

Muchas personas se quedan simplemente a un costado. Nunca mueven el bate; nunca enfrentan el desafío de una bola rápida o una curva. Quizá jueguen a ser entrenadores, pero nunca se meten en el juego. Algún día se preguntarán por qué nunca vieron nada de acción.

Podría ser deprimente pensar que la vida nos está pasando de largo... pero la buena noticia es que *el fracaso no es el final.* ¿Así que nunca entró al juego, o lo intentó y lanzó la pelota afuera? Yo sigo lanzando la pelota afuera, cada día de mi vida, pero no hay problema. Saque el bate de sobre el hombro y muévalo... con toda sus fuerzas, y verá cómo Dios cambia las cosas en su vida.

SUS DECISIONES DETERMINAN SU DESTINO

Hoy es día de decisiones... como cualquier otro día de mi vida. En realidad, comencé la mañana con la decisión de salir de la cama. Mi siguiente decisión, que aparentemente no fue bien pensada, fue qué ropa debía ponerme. Mientras yo salía del dormitorio para enfrentar, lleno de confianza, al mundo, mi hija Elizabeth, de diez años, me miró y dijo con su voz más tierna y amorosa: "Papá, la corbata está muy bien, pero creo que podrías haber elegido mejor el saco". ¡Apenas hacía diez minutos que había comenzado el día y ya había tomado una decisión equivocada!

En este capítulo quisiera ayudarle a comprender que la toma de decisiones es un proceso que, si se lo practica, le permitirá tomar mejores decisiones para gloria de Dios. Josué, en el conocido pasaje de "elijan ustedes mismos..." nos da un excelente ejemplo de lo que es necesario para tomar decisiones correctas. Cercano ya a su muerte, Josué da un discurso de despedida al pueblo. Primero, repasa la historia de la bendición de Dios sobre los hijos de Israel; luego dice:

> *Por lo tanto, ahora ustedes entréguense al SEÑOR y sírvanle fielmente. Deshánganse de los dioses que sus antepasados adoraron al otro lado del río Éufrates y en Egipto, y sirvan sólo al SEÑOR.. Pero si a ustedes les parece mal servir al SEÑOR, elijan ustedes mismos a quiénes van a servir: a los dioses que sirvieron sus antepasados al otro lado del río Éufrates, o a los dioses de los amorreos, en cuya tierra ustedes ahora habitan. Por mi parte, mi familia y yo serviremos al SEÑOR.. El pueblo respondió: (...) Nosotros también serviremos al SEÑOR* (Josué 24:14-18).

Podemos sacar varias conclusiones acerca de la toma de decisiones de estos pocos versículos. Primero, los líderes *llevan a las personas a un momento de decisión.* Josué guió a su pueblo en el proceso de toma de decisiones. Como líderes, usted y yo somos responsables de guiar a nuestra gente a tomar algunas decisiones necesarias en sus vidas. Nuestro viaje por la vida es simplemente un proceso de toma de decisiones. Como líderes, cuanto mejores seamos para guiar a nuestra gente a tomar decisiones sabias, más efectivos seremos en nuestro liderazgo.

La segunda conclusión que podemos sacar de este pasaje bíblico es que *muchas cosas en la vida están fuera de nuestro control, y no podemos decidirlas nosotros.* Josué comprendió esto al dar por sabido que las personas, por naturaleza, siempre sirven a alguien. No tenemos opción. Hay muchas otras circunstancias de la vida sobre las cuales no tenemos control. No podemos decidir si el Sol saldrá o no esta mañana. No decidimos que haya una tormenta de rayos hoy. No elegimos cuándo o dónde nacimos, ni de quién somos hijos.

Pero a medida que crecemos y nos independizamos, cada vez se hace más evidente la tercera conclusión: *hay muchas decisiones en la vida que sí podemos tomar.* Josué comprendía que el pueblo no podía decidir *si iba a servir* a alguien, pero sí podía elegir *a quién servir.* No siempre podemos elegir cuáles serán nuestras circunstancias, pero sí qué haremos con ellas.

La cuarta conclusión tiene que ver con la responsabilidad: *no solo podemos tomar decisiones correctas, sino que somos responsables de hacerlo.* Creo que es interesante que al presentar las opciones ante el pueblo de Israel, Josué les dijo: "Elijan ustedes mismos". En otras palabras, los miró directo a los ojos y les hizo saber que ellos eran responsables por sus propias decisiones. Estaba diciéndoles: "Yo soy su líder, y hago mi mayor esfuerzo para llevarlos a un momento de decisión; pero la decisión es de ustedes. Ustedes deben elegir por sí mismos".

Lo más importante que deseo destacar en este capítulo, y el concepto más importante que usted puede llevarse de esta lectura es que el punto en el que se encuentra hoy es, con toda probabilidad, resultado de las decisiones que tomó ayer. Mientras no se haga responsable de sus decisiones y las acciones resultantes de ellas, siempre buscará un chivo expiatorio a quien cargarle la culpa por sus problemas. Usted y yo somos responsables por nuestras decisiones. Esta es una de las lecciones más importantes que podemos enseñarles a nuestros hijos. Cuando les hemos enseñado a nuestros hijos a aceptar la responsabilidad por las decisiones que toman, a poder decir: "Yo tenía razón", o "Me equivoqué", los hemos hecho avanzar a los primeros puestos en madurez.

Le sigue la conclusión número cinco: *cuanto antes tomemos las decisiones correctas, mejor.* Observemos que Josué no dijo: "Cuando lo sientan..." o "Cuando les resulte conveniente..." Josué sabía que postergar una decisión podía llevarlos a la destrucción.

Sexto: *los líderes deben decidir primero.* Muchas veces, cuando veo a un líder que no hace avanzar a su gente, me resulta evidente que espera que los seguidores decidan a dónde quieren ir ahora. Esta táctica nunca da buenos resultados. Hay una razón por la que "el que está en la cumbre está solo". Alguien tiene que pararse frente a la multitud y tomar decisiones. Un buen líder tiene que estar dispuesto a arriesgar el cuello y señalar en una dirección.

Eso fue exactamente lo que Josué hizo. Salió de en medio de la multitud y dijo, sin vergüenza alguna: "Mi familia y yo serviremos al SEÑOR". Él no sabía dónde iba a ir el pueblo, qué dirección tomarían. Pero declaró osadamente dónde iba a ir él. Josué sabía que los líderes deciden primero, no esperan que el pueblo decida y luego se suben al vagón con ellos.

La conclusión número siete es un corolario de la anterior: *la decisión que toma el líder influye sobre los demás.* Si usted es un líder exitoso, tan pronto como haya tomado una decisión, la gente lo seguirá, como en el caso de Josué. En realidad, esta es la verdadera prueba del liderazgo. Cuando usted toma una decisión, ¿lo sigue la gente?

Lea nuevamente el versículo 18: "*Nosotros también serviremos al SEÑOR, porque él es nuestro Dios*". ¿Notó la palabra "también"? En realidad, el pueblo dijo: "Nosotros serviremos al Señor porque tú lo sirves, Josué". Y el versículo 31 dice: "*Durante toda la vida de Josué, el pueblo de Israel había servido al SEÑOR. Así sucedió también durante el tiempo en que estuvieron al frente de Israel los jefes que habían compartido el liderazgo con Josué y que sabían todo lo que el SEÑOR había hecho a favor de su pueblo*". El líder que reconoce el poder de la toma de decisiones tiene una influencia tremenda.

Naturalmente, tomar una decisión es más que decir: "Hagámoslo". En realidad, el proceso de toma de decisiones es muy complejo. Pero si usted desea ser un líder que la gente siga, valdrá la pena que comprenda este proceso que implica cinco etapas progresivas. A manera de ilustración, le ayudaré a recorrer un proceso de toma de decisión muy importante en mi propia vida: el llamado a ser pastor principal de la Iglesia Wesleyana Skyline.

PRIMERA ETAPA: FUNDAMENTOS

Antes de poder tomar una decisión sabia, es necesario que usted comprenda el trasfondo de la situación. ¿Por qué está esa gente en el punto en que está ahora? ¿Quién tomó las decisiones que los llevaron a estar allí? Es imposible entrar a una situación y tomar el control si no se cuenta con cierta información histórica.

Cuando el comité de búsqueda pastoral de Skyline me llamó para preguntarme si deseaba considerar la posibilidad de ser candidato al pastorado en esa iglesia, respondí que sí. Yo conocía la iglesia, y mis impresiones acerca de ella eran favorables. Pero había muchas cosas que necesitaba saber antes de comprometerme. Al regresar a casa, en Ohio, después del primer encuentro con el comité de búsqueda, pasé todo el viaje en avión examinando una gran caja llena de información sobre los antecedentes de la iglesia. Leí los informes anuales, los informes de tesorería, cualquier cosa y todo aquello que me ayudara a comprender mejor la historia de Skyline.

Había siete preguntas que yo necesitaba responder, y que usted deberá responder, para poder dar por terminada la primera etapa del proceso:

- *¿Cómo ha sido su desempeño?* ¿Tiene esta organización una historia de éxitos o de fracasos? Antes de llegar a Skyline, me enteré de que tenía una historia de crecimiento ininterrumpido, líderes consagrados y buena reputación en la comunidad.

- *¿Quién es, o quiénes son, los principales jugadores?* ¿Qué clase de personas han estado en los puestos de liderazgo? En Skyline, el Pastor Orval Butcher tenía el puesto clave de liderazgo, pero había otras personas y organizaciones que también tenían mucha influencia. Me enteré de que había dos grupos en la iglesia que eran los más respetados: los músicos y los misioneros. Saber esto me permitió darme cuenta de lo que era importante para esta gente.
- *¿Cuál ha sido su filosofía?* ¿Ha sido positiva, progresiva, visionaria? ¿Es compatible con la mía?
- *¿Cuál es el modelo de organización?* ¿Cómo funciona la estructura? Una de las cosas que más me atrajo de Skyline fue que la iglesia era (y continúa siendo) manejada por sus líderes. Yo jamás aceptaría el pastorado de una iglesia en la que los laicos eligen a los colaboradores del pastor.
- *¿Cuáles son sus mayores problemas?* Cuando examine el trasfondo de la situación, identifique claramente cuáles han sido los problemas más importantes. Yo descubrí lo que a mi entender eran dos áreas de problemas en el pasado de Skyline. Uno era un período de estancamiento, un cierto lapso durante el cual la iglesia no creció. El otro fue que el grupo de líderes no tenía un liderazgo fuerte. Muchas veces le he dicho, en broma, al pastor Butcher, que si él hubiera trabajado con mi equipo de líderes, a esta altura tendría 5.000 personas asistiendo a la iglesia.
- *¿Cuáles fueron sus mayores logros?* ¿Qué cualidades se destacan? Yo reconocí que el mayor patrimonio de Skyline era el tremendo espíritu de unidad en la congregación. La gente había aprendido a tirar todos para el mismo lado. Supe que, dado el amor y la calidez de esa gente, sería fácil entrar a liderarlos.
- *¿Cuáles son sus metas y sus expectativas actuales?* Muchas veces se da el caso de que sus propias metas y expectativas son

muy diferentes de las que otras personas tienen para usted. Y muchas veces quienes están bajo su liderazgo no están de acuerdo sobre cuáles son sus metas para usted.

Después de interrogarme durante varias horas, el comité de búsqueda se dispuso a cerrar la reunión, satisfecho de haber recibido toda la información necesaria. Pero entonces yo dije: "¡Esperen un momento! Ahora es mi turno de hacerles algunas preguntas". Ellos habían descubierto cuáles eran mis metas. Ahora yo necesitaba saber cuáles eran sus expectativas acerca de mí. "¿Qué tendré que hacer si vengo a esta iglesia?" Todos estuvimos de acuerdo en que tendría que aparecer todos los domingos con un sermón listo para predicar. Además, el comité de búsqueda esperaba que yo construyera una gran iglesia. Pero después descubrí que había unas cuantas personas que estaban contando con que yo visitara los hogares con regularidad. Otros esperaban que me hiciera cargo de todos los funerales y las bodas. No todas las expectativas de toda esta gente acerca de mí eran compatibles. Yo tenía que evaluar sus metas y mis metas, y decidir cuáles eran las importantes.

Si puede responder a estas siete preguntas con respecto de cualquier situación de liderazgo en que sea necesaria una acción decisiva, usted está bien encaminado para tomar una decisión sabia. Ha echado un fundamento sólido y está listo para avanzar.

SEGUNDA ETAPA: HECHOS

En este punto del proceso de toma de decisiones usted se dedica a la misión de descubrir datos que le ayuden a evaluar mejor la situación tal como es. Hay tres preguntas clave que formularse en esta etapa:

¿Qué necesito saber? Antes de entrar en Skyline, yo necesitaba saber cuál sería mi descripción de tareas. Necesitaba saber exactamente de qué sería responsable y a quién debía rendir cuentas. Necesitaba saber cuál sería mi salario y cuáles mis beneficios sociales. Estos son los hechos, duros y fríos, de todo trabajo.

¿Qué sé? Después de determinar lo que usted necesita saber, haga un repaso mental de las preguntas para las que ya tiene respuesta.

¿Qué no sé? En esa situación, yo sabía lo que el comité de búsqueda esperaba de mí. Sabía cuánto iban a pagarme. Sabía que ellos me apoyaban. Pero no sabía si sería tan bien recibido por la congregación. No sabía dónde viviría ni a qué escuela irían mis hijos. Es difícil tomar una decisión cuando aún no tenemos toda la información necesaria.

Una vez que haya respondido a estas tres preguntas en forma satisfactoria, estará en condiciones de tomar una decisión, así que... tómela. En este punto, muchas personas caen en el síndrome de "qué sucedería si..." Estas personas rara vez hacen algo decisivo. Lo que necesitan, más que respuestas, es un buen puntapié.

Tercera etapa: Retroalimentación

En esta fase del proceso, quizá usted reciba reacciones fuertes. La gente confirmará su decisión... o la cuestionará. Es un tiempo crucial, porque están en juego las emociones. Uno escucha cosas como: "¡Siempre se hizo de esta manera!" o: "Pero, ¡mi abuelo ayudó a construir esta iglesia!" Es de esperar que usted sienta un poco de calor si ha encendido el fuego...

El secreto, en este momento, es tener un "círculo interno". En mi caso, el círculo interno está formado por mis colaboradores. Su círculo interno debe estar formado por personas que están íntimamente involucradas en el proyecto, que saben del asunto, que tienen una actitud positiva y no permiten que nadie las intimide.

¿Cómo determinar las opiniones de quiénes serán importantes? Quisiera darle seis parámetros que deben tomarse en cuenta:

Conocimiento del tema. Obviamente, esto es crítico. Si, por ejemplo, debo tomar una decisión relativa al departamento de música, es mucho más posible que escuche a los miembros de nuestro equipo de música que al administrador.

Capacidad. La persona no solo debe conocer el tema, sino ser buena en esa área. Nuestro administrador quizá tenga cierto conocimiento de teoría musical, pero no puede entonar ni una nota.

Experiencia. Esto significa experiencia "exitosa", por supuesto. No hay sustituto para la experiencia personal para llegar a ser un experto en determinada área. Siempre estoy dispuesto a escuchar a la persona que ya ha vivido lo que quizá yo esté pasando en este momento.

Responsabilidad. Alguien que ha cumplido exitosamente con la responsabilidad de llevar a cabo un plan,sin duda tendrá más credibilidad que un novato.

Intensidad. Es algo intuitivo, pero cuando una persona siente algo muy intensamente en relación con un tema, eso se hace realidad. Me gusta la gente que tiene convicción. Si una persona está dispuesta a arriesgarse por algo, sin duda captará mi atención.

Principios. ¿Conozco lo suficientemente bien a esa persona como para saber que maneja su vida en base a los mismos principios que yo? Si sus principios violan los míos, no es apta para estar en mi círculo interno.

Si una persona cumple con estos seis parámetros, tiene toda mi atención. Si un miembro de mi equipo viene a mi oficina a venderme un programa y pasa estas seis pruebas, estoy dispuesto a comprar la idea.

Esta etapa de "retroalimentación" es vital para el proceso de toma de decisiones. Si no le dedicamos suficiente tiempo, corremos peligro de tomar una decisión equivocada. Si pasamos demasiado tiempo en esta etapa, quizá nunca lleguemos a tomar la decisión. En realidad, lo más difícil no es *saber* cuál es la decisión correcta, sino *tomarla.* Después de conocer los hechos, la historia y la opinión de los demás, es necesario que tomemos la decisión sin más demora.

CUARTA ETAPA: CONCENTRACIÓN

En este punto, mi atención pasa de "¿Qué decisión debo tomar?" a "¿Cómo haré que mi decisión funcione?" Aquí paso del círculo interno al círculo externo. En esta etapa necesito concentrarme en dos aspectos:

Problemas: ¿Qué podría impedir la puesta en práctica de esta decisión?

Procedimientos: ¿Cómo puedo comunicar la decisión en forma adecuada?

Ya he hablado sobre cómo manejar las dificultades en el capítulo 9: "El problema no es el problema", pero aquí quiero darle un bosquejo conciso, de solo cuatro puntos, para responder a los problemas:

1.Anticípese a los problemas. No permita que lo tomen por sorpresa. 2. *Haga una lista de los problemas.* Escriba todos los problemas que conozca con relación a la situación. 3. *Enfréntelos.* Examine cada problema con detenimiento y piense en una solución. 4. *Supérelos.* Si el plan A no da resultado, esté listo para implementar el plan B.

Cuando recién comenzamos las tratativas para comprar el terreno donde ubicaríamos nuestro nuevo santuario, el presidente del comité de reubicación escribió a la congregación en respuesta a potenciales preguntas y problemas, antes que ellos tuvieran oportunidad de pensarlo. Es como que descubrir que uno está un paso delante de él, le saca el viento a la vela del barco de un posible oponente. Encare los posibles problemas antes que se vuelvan realidad.

Una vez que ha enfrentado el tema y decidido qué hacer al respecto, ¿cómo proceder? Hay cinco pasos que deben darse para que una decisión sea efectiva:

Comunicación. Dé a conocer a los demás lo que usted ya conoce.

Consideración. Permita que su círculo externo visualice los resultados positivos de su decisión.

Comparación. Evalúe honestamente su decisión. Compare los pro y los contra.

Convicción. Este es el clímax del proceso de toma de decisiones. Es el paso en que se obtiene consenso.

Compromiso. Una vez que usted y su círculo externo están de acuerdo con respecto a la decisión, ellos deben permanecer a su lado, y trabajar para que esa decisión llegue a dar fruto.

QUINTA ETAPA: AVANCE

Esta es la parte de la toma decisiones que más me entusiasma: es el momento de avanzar. El elemento crítico en esta etapa es el sentido de la oportunidad; si el momento no es el correcto, quizá ni siquiera todo el trabajo preparatorio que haya realizado podrá salvar su decisión. Una buena fórmula para recordar en este sentido es:

Decisión equivocada en el momento equivocado = desastre
Decisión equivocada en el momento correcto = error
Decisión correcta en el momento equivocado = no aceptada
Decisión correcta en el momento justo = éxito

Ahora usted conoce las cinco etapas de la toma de decisiones. No subestime el valor de comprender y practicar este proceso. La capacidad de un líder para tomar decisiones y verlas dar buenos resultados es la diferencia entre el éxito y el fracaso. Recuerde que el éxito no es para unos pocos elegidos, sino para los pocos que se atreven a elegir.

NO NECESITO SOBREVIVIR

Sobrevivir... es lo más natural para nosotros. Nacimos con el instinto de tratar de sobrevivir. Nacimos luchadores.

Pero ese deseo natural de sobrevivir crea un conflicto. En Gálatas 2:20 Pablo dice: "*He sido crucificado con Cristo*"; no se trata de sobrevivir. Estamos atrapados entre la resurrección y la muerte. Todos deseamos la resurrección, pero la mayoría de nosotros no queremos ser crucificados. Este es un gran problema en la iglesia, tanto entre los líderes como para los laicos.

¿CUÁL ES EL PROBLEMA?

El deseo de sobrevivir, de protegernos, nos mantiene en un

nivel de vida mediocre. Va desgastando nuestra convicción, hasta que ceder llega a resultarnos demasiado fácil, y casi nos es imposible confrontar. El resultado de esta mentalidad de supervivencia en la iglesia es el estancamiento espiritual; quizá no la muerte, pero tampoco exactamente vida.

Si nuestra meta principal es sobrevivir a cualquier precio, ya no somos libres para tomar las mejores decisiones. Lo veo con gran frecuencia entre los líderes. Tomamos decisiones que son aceptables en lugar de tomar decisiones correctas y agradables a Dios. Hacemos una encuesta y ponemos en práctica lo que satisface a la gente, en lugar de lo que sabemos en nuestros corazones que es lo correcto.

Además, si deseamos sobrevivir, tenemos excusa para nuestra falta de efectividad. Hablamos mucho sobre ser fieles en la iglesia; poco hablamos sobre ser fructíferos. Una persona fructífera tiene que morir primero, por lo cual, dado que la mayoría de nosotros nunca ha muerto, preferimos hablar de fidelidad. Quizá no logremos gran cosa, en realidad, pero al menos somos coherentes.

Otra cosa que hace nuestro deseo de sobrevivir es robarnos la libertad y el gozo en el Señor. Por eso hoy se habla mucho de desgaste en la comunidad cristiana, y poco de "salir a trabajar". Tratamos tan desesperadamente de sobrevivir que obramos en la carne, y eso desgasta terriblemente nuestras facultades emocionales y físicas.

Nuestro deseo de sobrevivir nos impide ser completamente obedientes a Dios. Los héroes de la Biblia se caracterizaron por una obediencia total. Pero si somos supervivientes, cuando llegamos a un punto en nuestro andar con Dios en que debemos arriesgar el pellejo, dejamos de caminar en la luz con el fin de preservar nuestra carne.

Nuestro deseo de sobrevivir nos roba el poder y la bendición de Dios. Cuando nos esforzamos por recibir la aprobación de los hombres, eso es todo lo que obtenemos. Lo que nos perdemos son las riquezas de Dios.

EJEMPLOS DE LA BIBLIA

Hay muchos ejemplos de sobrevivientes en la Biblia que, debido a su deseo de salvarse a sí mismos, perdieron lo mejor que Dios tenía para ellos.

Lot es un buen ejemplo de esto. Eligió las llanuras bien regadas del Jordán. Tomó lo mejor para sí y perdió a su familia en el intercambio. Ananías y Safira no le entregaron a Dios lo que era suyo por derecho y perdieron sus vidas por ello. El rey Saúl quiso retener su trono y su reino. También quiso guardarse toda la gloria para sí.

Todas estas personas que se esforzaron por sobrevivir a cualquier precio tienen algo en común: perdieron lo que intentaban retener. Sea lo que fuera aquello a lo que el superviviente más se aferra, eso es lo que perderá. Es una paradoja que se ve claramente en las enseñanzas de Jesús: "*Porque el que quiera salvar su vida, la perderá; pero el que pierda su vida por mi causa, la salvará*" (Lucas 9:24).

Algunas veces pensamos que las personas que más tienen, son las que más se aferran a sus posesiones. El joven rico es un buen ejemplo. Pero no necesariamente es así siempre. Si usted solo busca sobrevivir, es debido a su mentalidad, no a su posición ni a sus posesiones. Los sobrevivientes tienen una mentalidad de "quiero permanecer vivo, cueste lo que costare". Cualquiera puede adoptar esta filosofía de vida.

¿Qué podemos decir de Pedro y su negación? Esa sí fue una táctica de supervivencia; Pedro trató de salvar su propio pellejo. Podríamos continuar y dar otros ejemplos tomados de la Palabra de Dios, de personas que solo se preocuparon por sobrevivir y pagaron un precio terrible por tener esa mentalidad. Salomón llegó a tener una vida vacía; el joven rico se fue triste cuando Jesús trató de ministrarle; Pedro nunca olvidaría la mirada en el rostro de Jesús cuando vio que su discípulo le había sido desleal.

La Biblia también nos da numerosos ejemplos de hombres y mujeres a los que no les importaba sobrevivir, y lograron grandes cosas para Dios, porque estuvieron dispuestos a arriesgar sus vidas. Veamos algunos ejemplos.

Sadrac, Mesac y Abednego creían que Dios iba a librarlos, pero aun si no lo hacía, de todos modos no habría problema. Caleb y Josué regresaron y dieron un informe diferente del que dieron los otros diez espías, lo cual muestra que no estamos obligados a esforzarnos por sobrevivir aun en un ambiente donde todos apuntan precisamente a eso. Vieron el mismo lugar que los demás, y regresaron con una actitud de: "¡Vamos a poseer la tierra!" David es otro que no se preocupó por sobrevivir. Un sobreviviente hubiera dicho del gigante Goliat: "Es tan grande que sin duda me hará daño". David dijo: "Es tan grande que no hay manera de que yerre el tiro".

¿Qué podemos decir de Abraham, que no rehusó sacrificar a Isaac? A Gedeón tampoco le preocupaba sobrevivir; llevó unos pocos cientos de hombres contra los miles de madianitas. La viuda que tenía solo dos blancas estuvo dispuesta a dar todo lo que tenía. A ella no le importaba sobrevivir. Una vez más lo repito: no importa cuánto o cuán poco tenemos, sino qué porcentaje estamos dispuestos a entregar de ello. No se trata de una posición en la vida. La viuda dio todo lo que tenía. Pablo es un clásico ejemplo de aquel a quien no le importaba sobrevivir. Más tarde lo estudiaremos con algo más de detalle.

Características de los que no se preocupan por sobrevivir

Quisiera presentarle cuatro características de aquellos no se preocupan por sobrevivir.

Tienen fe en Dios, no en ellos mismos. Comprenden cuán importante es depositar su confianza en Dios, porque reconocen sus propias limitaciones.

Pueden cambiar personas, naciones y generaciones. Un líder que está dispuesto a dar un paso de fe quizá dé ese paso solo, pero pronto tendrá seguidores. Juntos, ellos cambiarán vidas. Muchos han cambiado el curso de la historia.

Están dispuestos a quedarse solos. Una persona que no se preocupa por sobrevivir elige tomar la decisión correcta aunque no sea la que la mayoría prefiere.

Tienen un poder inusual. Dios da poder espiritual a las personas que no son egoístas. Ese poder marca la diferencia.

Hay algunas personas que no temen arriesgarse y que sin duda atraen la atención de todo el mundo en la actualidad: los terroristas. Se trata, por supuesto, de un ejemplo negativo, pero los terroristas son un ejemplo claro de lo que sucede cuando a alguien no le preocupa sobrevivir. El mundo no sabe qué hacer con los terroristas, porque no les importa morir. No podemos usar la coerción con ellos. Aun las grandes potencias como los Estados Unidos son impotentes contra los terroristas, porque su vida es menos importante para ellos que su causa. Están dispuestos a arriesgarlo todo.

Recordemos cómo Israel pudo conservar su tierra aun estando rodeado por naciones enemigas. Ellos saben lo que es estar casi extintos; saben lo que es enfrentar la muerte y están dispuestos a pagar cualquier precio que sea necesario para conservar su libertad. Son una nación de gente a la que no le preocupa sobrevivir.

En los Estados Unidos, hemos disfrutado de tantas bendiciones durante tanto tiempo, que no podemos imaginarnos vivir sin ellas. No estamos dispuestos a arriesgarnos, porque tenemos mucho por perder. Así que nos hemos convertido en guardianes de nuestras posesiones, sobrevivientes en grado máximo. Necesitamos desesperadamente librarnos de esa mentalidad.

El secreto de Pablo

Un día, mientras leía Hechos 20, encontré el secreto de la vida del apóstol Pablo. ¿Por qué este hombre pudo obtener tan buenos resultados en su trabajo para la gloria de Dios? Camino a Jerusalén, Pablo se encontró con los ancianos de Éfeso y repasó con ellos parte de su ministerio. "*Ustedes saben que no he vacilado en predicarles nada que les fuera de provecho, sino que les he enseñado públicamente y en las casas(...) Y ahora tengan en cuenta que voy a Jerusalén obligado por el Espíritu, sin saber lo que allí me espera. Lo único que sé es que en todas las ciudades el Espíritu Santo me asegura que me esperan prisiones y sufrimientos*" (Hechos 20:20, 22). Pablo no escapa al mensaje. No sabe qué le sucederá, excepto que va a ser algo malo. Y continúa diciendo: "*Sin embargo, considero que mi vida carece de valor para mí mismo*" (v. 24). Esta es una declaración típica de aquel a quien no le preocupa sobrevivir. Lo que le importaba a Pablo es terminar la obra que Dios tiene para él. En el versículo 25 agrega: "*Yo sé que ninguno de ustedes,(...) volverá a verme*".

No es de extrañarse que Pablo haya sido un agente de cambio tan fundamental para la iglesia primitiva. No es de extrañarse que haya estado dispuesto a enfrentar al concilio de Jerusalén y afirmar que el evangelio era tanto para los gentiles como para los judíos. No es de extrañarse que llegara a ser el primer misionero. A Pablo no le preocupaba sobrevivir. Nadie podía detenerlo. Aquellos a quienes no les agradaban demasiado algunas de las afirmaciones que hizo frente al concilio, no pudieron moverlo de su posición. Pablo no tenía una posición que perder. Quienes querían que dejara de predicar podían arrojarle piedras, pero eso ya había sucedido antes, y no lo había detenido. Pablo consideraba que era un privilegio sufrir por Cristo. Podían amenazarlo con la cárcel; pero Pablo sin duda contestaría riendo: "¿Cuál cárcel? ¿Podría volver a Roma? Estuve testificando allí la última vez que me encarcelaron. Quizá esta vez pueda llevar a ese hombre a los pies del Señor". Podían amenazar con matarlo. "¿En serio? He tenido una lucha tan tremenda en mi interior, sin saber si debería quedarme con los santos, o estar con el Señor... Si ustedes me mataran, me darían la respuesta a mi dilema". ¿Qué podían hacerle a Pablo? Absolutamente nada. ¿Por qué Pablo decidió vivir esta clase de vida? ¿Para ser independiente? ¿Para poder decidir las cosas por sí mismo? No. Él quería estar crucificado con Cristo, sabía que en su propia carne no tenía poder para predicar el evangelio. Y ese debería ser nuestro mayor objetivo también. Solo cuando morimos a nosotros mismos, podemos vivir para Cristo.

EL PROBLEMA DE LA SEGURIDAD

Una de las cosas que debemos enfrentar es nuestra propia inseguridad. Las personas inseguras son sobrevivientes, no están dispuestas a arriesgarse, especialmente si deben exponer su vida. Necesitan tener una segunda opción, necesitan tener un plan alternativo. Les resulta difícil asimilar los fracasos. Tienden a confiar en las cosas más que en Dios. La persona a la que no le preocupa sobrevivir dice: "Este es mi lugar; no puedo hacer otra cosa. Dios me ayudará; ninguna otra cosa serviría de nada". El sobreviviente dice: "Sí, claro, confío en Dios, pero en caso de que la solución que Dios me da no funcione, debo tener otras cuatro opciones para no perder el pellejo". Pablo escribe en 1 Corintios 4:

> *Que todos nos consideren servidores de Cristo, (...) Por mi parte, muy poco me preocupa que me juzguen ustedes o cualquier tribunal humano; es más, ni siquiera me juzgo a mí mismo. Porque aunque la conciencia no me remuerde, no por eso quedo absuelto; el que me juzga es el Señor* (1 Corintios 4:1, 3-4).

Pablo no dice que no está dispuesto a someterse a la autoridad, sino que su seguridad no depende de decisiones humanas. Dice: "Yo respondo ante Dios".

¿Qué sucedería si los líderes de las iglesias fueran profetas en lugar de marionetas? ¿Qué sucedería si todos nos convirtiéramos en personas seguras, que escuchan la voz de Dios, en lugar de inseguros que caen en el pánico cuando esperan oír lo que piensan otras personas? Esto no significa que no importa lo que dicen los demás. Pero si nuestra seguridad está puesta en Dios, tendremos una libertad que las personas jamás podrán darnos.

Yo crecí en una denominación donde lo mejor que le podía pasar a un pastor era que obtuviera un voto unánime de su congregación. Cuando los pastores se reunían en las conferencias de distrito, de lo único que hablaban era de los votos. Nunca olvidaré la primera votación que hubo poco después de que comencé a pastorear mi primera iglesia. El resultado fue: 31 por el sí, 1 por el no, y 1 voto en blanco. Recuerdo que, lleno de pánico, llamé a mi padre y le pregunté: "Papá, ¿debo quedarme en la iglesia o no?" Él me dijo: "¿Cuál fue el resultado de la votación?" Yo le conté: "Treinta y uno por el sí, uno por el no y uno que no dijo nada. ¿Acaso Dios me está diciendo que es hora de que salga de esta iglesia?" Papá se limitó a reír y me dijo: "John, es un excelente resultado. Deja de preocuparte y sigue adelante". Ese fue, probablemente, el mejor resultado que obtuve en una votación durante todos los años que he sido pastor. Si mi meta fuera mantener contentos a todos los miembros de mi congregación todo el tiempo, muchas veces tendría que ceder en mis convicciones personales para lograr una aprobación unánime a mis proyectos en la votación. Hay momentos en que, como pastor, es necesario que usted escuche la voz de la gente; puede ser que Dios le hable a través de ella. Pero no debe dejarse arrastrar por la opinión popular; su seguridad debe estar fundamentada en la aprobación de Dios, no en la de los hombres.

EL PROBLEMA DEL ÉXITO

Otro problema que debemos enfrentar si deseamos desarrollar la actitud de una persona a la que no le preocupa sobrevivir, es el éxito. Si hemos tenido éxito en algo, nos sentiremos tentados a cuidarlo, a tratar de que la gente siga pensando que somos extraordinarios. Así que nos arriesgamos menos, y nos convertimos en una fortaleza en lugar de un ejército que avanza. Construimos cercos y muros a nuestro alrededor, de manera que nadie pueda entrar a nuestra vida y destruir aquello que es tan precioso para nosotros.

Pablo habla del problema del éxito en 1 Corintios, y dice algunas cosas que nos ayudan a mantener una actitud humilde. "*Pero Dios escogió lo insensato del mundo (...) lo débil (...) lo más bajo y despreciado, y lo que no es nada, (...) a fin de que en su presencia nadie pueda jactarse* (1 Corintios 1:27-29). En el capítulo 2 dice que cuando llegó a Corintio prefirió acercarse a ellos en debilidad, con temor y temblor, no con palabras persuasivas, sino con demostración del Espíritu y de poder (1 Corintios 2:1-4). Una cosa que Pablo dice en este pasaje bíblico es que tenemos la posibilidad de decidir. Aunque era sabio y brillante, decidió acercarse a los corintios con temor y temblor. Podría haberlos abrumado con todo su conocimiento de idiomas. Podría haberlos impresionado con la riqueza de su conocimiento y sus múltiples experiencias. Pero decidió dejar todo eso de lado, acercarse a ellos y hablarles de la cruz de Jesucristo. Decidió acercarse con sencillez, sin profundidad doctrinal; con humildad, sin arrogancia.

Una de las experiencias más importantes de mi vida me sucedió hace unos años, cuando me preparaba para predicar ante un gran congreso de jóvenes. Mis colaboradores en la iglesia habían orado por esto durante seis meses. Yo estaba seguro de que este congreso iba a influir en las vidas de muchas personas. Los organizadores querían que mil jóvenes pasaran al frente y respondieran al llamado al ministerio de tiempo completo, así que yo sentía una responsabilidad tremenda. Me preparé y oré, como nunca lo había hecho en mi vida. Hasta que, la tarde antes de predicar, mientras estaba en mi cuarto en el hotel, sentí que Dios me decía: "Ah, John, quiero que sepas que no voy a usar tu mensaje esta noche". No me molesto con frecuencia, pero repentinamente me di cuenta de que iba a haber 7.000 personas en ese lugar, ¡y Dios me decía que no iba a utilizar mi mensaje! Yo había trabajado mucho en ese mensaje. Era muy motivador, y esos jóvenes necesitaban oírlo. Pero Dios me dijo: "No, John. Escúchame a mí". En ese momento podría haberme subido a un avión para volver a casa.

Pero me quedé, y confié que Dios tenía un plan mejor. Él me hizo sentir que el éxito de esa noche dependería de Él, no de mí. Me indicó que leyera el pasaje de 1 Corintios 1 y compartiera con los jóvenes que Dios iba a moverse con poder en ese culto, porque mucha gente había orado. Lo único que Él quería que yo hiciera, era leer el pasaje bíblico, orar y hacer la invitación.

Pero yo no hice exactamente eso. Leí el pasaje y pensé: "Bueno, podría ayudar un poco a dar impacto a este pasaje si compartiera dos o tres buenas ilustraciones", creía que Dios me necesitaba para sacarlo de esta situación tan comprometida. Conté la primera ilustración, y no hubo respuesta. Para entonces ya había olvidado la segunda, así que finalmente solo dije: "Inclinemos nuestros rostros para orar". Una maravillosa paz me inundó cuando comencé a hacer lo que Dios me había dicho que hiciera desde el principio. Mil quinientos jóvenes pasaron al frente y dijeron: "En este culto, Dios me llamó a predicar".

Seré sincero: cuando esos jóvenes pasaron al frente, aquella noche, sentí una mezcla de felicidad y tristeza. Estaba feliz por lo que Dios hacía, pero triste porque no me había usado a mí para hacerlo. Dios me enseñaba que dejara de preocuparme por mi reputación, por mi éxito. Me decía que para que yo fuera exitoso ante sus ojos, Él necesitaba mi capacidad para escuchar, no para predicar.

Si usted corre una carrera para proteger su reputación, desacelere y salga de ese camino. Quisiera sugerirle cuatro cursos de acción que lo ayudarán a lograrlo.

No se tome a sí mismo demasiado en serio. Constantemente estamos preocupados por lo que otras personas pueden pensar de nosotros, especialmente si ellas también se preocupan por su propia reputación. Cuando comenzamos a tomar más en serio a Dios, dejamos de ser tan importantes; podemos reírnos de nosotros mismos.

Cree un clima de aceptación incondicional. Debemos crear un clima en el que nos aceptemos unos a otros solo por el hecho de ser hermanos y hermanas en Cristo Jesús.

Tenga más temor de Dios que de los hombres. Cuando comencemos a reconocer cuán frágil es el hombre en su calidad de humano, y cuán extraordinario es Dios, terminaremos con el síndrome del éxito y la carrera por la reputación. Entonces querremos agradar a Dios por encima de todo.

Convierta los logros en desafíos. Muchas veces descansamos en nuestros laureles y no queremos aceptar nuevos desafíos; tenemos demasiado para perder. Lo que deberíamos hacer es usar esos logros como ladrillos con los cuales construir el reino de Dios, no como pedestales sobre los cuales descansar.

Dé lugar a que trabajen los innovadores, los creadores. Debemos dar lugar a las personas que no se ajustan al molde tradicional, que se arriesgan a enfrentar la posibilidad del fracaso, y alentarlas.

El problema de la satisfacción

En Apocalipsis 3 vemos que la iglesia de Laodicea tenía un problema: estaba demasiado satisfecha. Dios le dijo: "*Conozco tus obras; sé que no eres ni frío ni caliente. ¡Ojalá fueras lo uno o lo otro! Por tanto, como no eres ni frío ni caliente, sino tibio, estoy por vomitarte de mi boca. Dices: 'Soy rico; me he enriquecido y no me hace falta nada'; pero no te das cuenta de que el infeliz y miserable, el pobre, ciego y desnudo eres tú*" (Apocalipsis 3:15-17).

Cuando nos sentimos satisfechos con nosotros mismos, nos falta la compasión necesaria para alcanzar a otros. Es difícil interesarse por los demás cuando no entendemos lo que es la necesidad. Cuando estamos satisfechos y saciados, es difícil que ayudemos a los que tienen hambre y sufren. Por eso los cristianos que están en la iglesia hace mucho tiempo algunas veces no sienten compasión ni deseos de alcanzar a los demás; han olvidado lo que es estar ahí afuera. Se han aislado de las personas que necesitan escuchar el mensaje del evangelio, de las personas que aún sufren y pasan necesidad; ya no se codean con la multitud. Lamentablemente, este es un problema muy real en la comunidad cristiana. La satisfacción se ha apoderado de la iglesia. Tenemos lo que queremos, y estamos contentos con nosotros mismos.

¿Cuáles son las características de una persona que se siente satisfecha y saciada? Primero, no desea pagar el precio. No puede tomar decisiones *correctas.* Muéstreme una persona o una iglesia satisfecha, y le mostraré a alguien que no puede tomar decisiones correctas, porque las decisiones correctas son difíciles, y las decisiones difíciles siempre tienen un precio.

Las personas que se sienten satisfechas están más preocupadas por conservar lo que tienen que por satisfacer las necesidades de los que las rodean. Tienen una mentalidad de "mantenimiento". Solo quieren seguir siendo felices. Su compromiso en la iglesia no es con la Gran Comisión, sino con mantener los baños limpios, publicar prolijos boletines y hacer cenas de camaradería. Lo veo en las denominaciones que tienen programas que agradan a todo el mundo, decisiones aceptadas por todos, planes aprobados por todos... y que no muestran ningún signo de progreso.

El problema del egoísmo

Otro problema que debemos enfrentar para dejar de preocuparnos por sobrevivir, es el egoísmo. Una de las razones por las que las personas se esfuerzan por sobrevivir es que desean poder proteger sus derechos. Pero si queremos ser como Jesús, tenemos que renunciar a nuestros derechos. Pablo escribió:

> *La actitud de ustedes debe ser como la de Cristo Jesús, quien, siendo por naturaleza Dios, no consideró el ser igual a Dios como algo a qué aferrarse. Por el contrario,*

se rebajó voluntariamente, tomando la naturaleza de siervo y haciéndose semejante a los seres humanos. Y al manifestarse como hombre, se humilló a sí mismo y se hizo obediente hasta la muerte, ¡y muerte de cruz! Por eso Dios lo exaltó hasta lo sumo (Filipenses 2:5-9).

Siempre me emociona pensar en la vida de Jesús. Él es el máximo ejemplo de una persona a la que no le preocupa sobrevivir. Estuvo revestido de carne, como nosotros; tenía las mismas necesidades básicas que nosotros tenemos; y sin duda hubo momentos en su vida en que se sintió tentado a intentar protegerse. Jesús debió enfrentar el tema de la supervivencia desde el mismo comienzo de su ministerio, cuando fue al desierto y ayunó durante cuarenta días. Después de esto, Satanás fue a tentarlo con la posibilidad de sobrevivir. Le ofreció pan para su cuerpo, un trono de un reino terrenal y que el mundo entero se inclinara ante Él. Satanás intentaba convencer a Jesús de que se concentrara en sobrevivir.

Ya antes de comenzar su gran ministerio, Jesús fue confrontado con la posibilidad de sobrevivir. Satanás usará las mismas tácticas con usted. Antes que pueda lograr cualquier cosa importante para el reino de Dios, le aseguro que deberá enfrentar la tentación de dedicarse a sobrevivir.

Jesús dijo algunas cosas notables acerca de sí mismo.

- Les aseguro que el hijo no puede hacer nada por su propia cuenta, sino solamente lo que ve que su padre hace (Juan 5:19).
- Mi juicio es justo, pues no busco hacer mi propia voluntad sino cumplir la voluntad del que me envió (Juan 5:30).
- La gloria humana no la acepto (Juan 5:41).
- He bajado del cielo no para hacer mi voluntad sino la del que me envió (Juan 6:38).
- Mi enseñanza no es mía... sino del que me envió (Juan 7:16).

• No he venido por mi propia cuenta, sino que me envió uno que es digno de confianza (Juan 8:28).

• Yo no he hablado por mi propia cuenta; el Padre que me envió me ordenó qué decir y cómo decirlo (Juan 12:49).

• Las palabras que yo les comunico, no las hablo como cosa mía, sino que es el Padre, que está en mí, el que realiza sus obras (Juan 14:10).

¿Notó usted todos los "no" que hay en estas afirmaciones de Jesús? No son mis palabras, ni mi enseñanza, ni mi juicio, ni mis obras, sino las del Padre; no yo, sino el Padre; no mi propia gloria, sino la del Padre.

¿Cómo pudo Jesús soportar las presiones de su ministerio? ¿Cómo pudo ministrar a un grupo tan diverso como el que formaban sus discípulos? ¿Cómo pudo tenerles paciencia? ¿Cómo pudo enfrentar las presiones de una multitud que deseaba poner una corona terrenal sobre su cabeza? ¿Cómo pudo apartarse de todas esas presiones para orar? La razón es que a Jesús no le importaba sobrevivir. Si quiero ser como Jesús, también yo debo renunciar a todos mis derechos. Y usted también. El primer paso para "rebajarse voluntariamente" y renunciar a nuestros derechos, es comprender claramente que todo lo que somos, y todo lo que alguna vez podremos llegar a ser, es solo debido al poder y a la gracia del Señor Jesucristo. ¿Será que necesitamos una misión mayor que nosotros mismos, un propósito más allá de nuestra limitada visión?

MORIR POR UNA CAUSA MÁS GRANDE QUE NOSOTROS MISMOS

En la primera mitad del siglo XV, una campesina francesa llamada Juana de Arco fue convocada para salvar a su país de los enemigos. Su espada sagrada, su estandarte consagrado y su fe en la misión que le fuera encomendada le ayudaron a destruir los ejércitos que enfrentó. Ella hizo que el ejército francés sintiera una corriente de entusiasmo tal, como ningún rey, ningún estadista ni presidente podría haber producido. En cierta ocasión, Juana dijo a uno de sus generales: "Voy a guiar a estos hombres al otro lado de ese muro". El general le dijo: "Nadie te seguirá". Juana replicó: "No pienso volver la cabeza para saber si me siguen". Fue ese nivel de compromiso el que hizo que Juana de Arco llegara a ser una heroína nacional para los franceses. Juana los libró de los ingleses, pero cayó ella misma en manos de los enemigos. Mientras comenzaba a arder en la hoguera, a esta jovencita de 19 años se le dio la oportunidad de retractarse; se le dio la oportunidad de traicionar a su país; se le dio la oportunidad de tener la libertad. Pero ella eligió el fuego, y al morir, pronunció estas palabras: "Cada hombre da su vida por aquello en lo que cree, y cada mujer entrega su vida por aquello en lo que cree. Algunas veces las personas creen en poco o nada, y sin embargo, dan su vida por ese poco o nada. Solo tenemos una vida; la vivimos y se acaba. Pero... vivir sin creer es más terrible que morir, aún más terrible que morir joven".

Juana de Arco tenía un propósito que iba más allá de ella misma; no le preocupaba sobrevivir.

Quisiera presentarle tres características de las personas que están dispuestas a morir por una causa más grande que ellas mismas.

Un propósito digno del precio que deben pagar. Las personas que no se preocupan por sobrevivir tienen un propósito que vale el precio de sus propias vidas.

Una visión mayor que sus propias vidas. Tienen la capacidad de ver más allá de su horizonte. Están dispuestas a hacer un sacrificio que, saben, afectará a las futuras generaciones.

Un poder mayor que el de ellas mismas. Las personas a las que no les preocupa sobrevivir no están limitadas por sus propias debilidades, tienen un poder dado por Dios. Su propósito es el propósito de Dios; su visión es la visión de Dios; su poder es el poder de Dios. El Espíritu Santo que vive en ellas es el que marca la diferencia.

LA CLAVE ES EL COMPROMISO

A mediados de la década de los setenta, llegué a un punto en que debía tomar decisiones muy importantes. Enfrentaba decisiones que determinarían el curso de mi vida y cuán efectivo sería mi ministerio. Durante más de un año, en ese tiempo, llevé en el bolsillo una tarjeta, que solía sacar y leer vez tras vez. Después de tomar una decisión, algunas veces dudaba; entonces sacaba la tarjeta y la leía. La leí cientos de veces. Dado que el compromiso es la clave del éxito, quisiera comenzar este capítulo con las palabras que tanto me ayudaron en este sentido:

> Antes de asumir un compromiso, hay una cierta vacilación, una oportunidad para retroceder. Pero en el momento en que me comprometo definitivamente,

> entonces Dios también se mueve, y comienza en estallido de toda una serie de sucesos. Toda clase de incidentes y encuentros imprevistos, personas y ayudas concretas que yo jamás hubiera soñado que aparecerían en mi camino fluyen hacia mí... en el preciso instante en que me comprometo a algo.

Los momentos más importantes de nuestra vida son aquellos en los que podemos sentir el compromiso en su grado máximo. Los mejores días de nuestra vida no son los días de descanso; ni siquiera aquellos en que tenemos a nuestros mejores amigos alrededor. Cuando algo nos atrapa y nos hace comprometernos en un grado máximo, esos son los mejores momentos de nuestras vidas. Quizá sean días de lucha, de sufrimiento, de las más grandes batallas que debamos enfrentar en la vida, pero serán los mejores días.

Si yo debiera elegir nada más que una palabra para describir cómo es estar comprometido con algo, elegiría la palabra "soledad". Si usted se compromete profundamente con una causa, el mundo no lo comprenderá; estará solo. Es humano quedarse con la multitud; lo divino es estar solo. Es común seguir a la gente, dejarse llevar por la corriente; lo que agrada a Dios es que sigamos sus principios y naveguemos en medio de la corriente. Es natural que nuestra conciencia ceda, y seguir las modas sociales y religiosas para lograr beneficios y placer; lo divino es sacrificar las modas en el altar de la belleza y la verdad. "*Nadie me respaldó, sino que todos me abandonaron*" (2 Timoteo 4:16). Fueron las palabras del curtido apóstol Pablo al describir su primera aparición ante Nerón, para responder por su vida. La verdad ha estado fuera de moda desde que el hombre cambió sus vestiduras de luz inmarcesible por una cubierta de hojas marchitas. Piénselo un momento.

Noé construyó el arca y viajó solo, excepto por la compañía

de su familia. Abraham anduvo y adoró solo. Daniel cenaba y oraba solo. Elías hacía sacrificios y testificaba solo. Jeremías profetizaba y lloraba solo. Jesús amó y murió solo. Jesús dijo a sus discípulos acerca de su solitario camino: "*Estrecha es la puerta y angosto el camino que conduce a la vida, y son pocos los que la encuentran*" (Mateo 7:14).

El año pasado, Margaret y yo fuimos de vacaciones con nuestros hijos a la costa este de los Estados Unidos. Fue una especie de recorrido por lugares históricos de nuestro país. Me llamó la atención el hecho de que cada sitio histórico que visitábamos era un monumento al compromiso de toda la vida de una persona. Fuimos a Nueva York y vimos la Estatua de la Libertad. Allí, en esa isla, se encuentra la gran dama, con su antorcha, lo primero que vieron tantos inmigrantes que llegaron a este país. Escuché a la guía hablarnos de algunas de las cosas que les sucedían a los inmigrantes cuando desembarcaban en Ellis Island. Tenían tantas esperanzas acerca de la vida en este continente... pero ni siquiera sabían hablar el idioma, ni tenían amigos en este país. Algunas veces quedaban varados en la isla durante semanas o meses; algunos murieron allí. Pero muchos lograron entrar a la ciudad de Nueva York y trabajaron duramente para hacerse un lugar en una sociedad libre. Eso es compromiso.

Después fuimos en tren a Filadelfia, una ciudad rica en historia estadounidense. Cuando llegamos al Salón de la Constitución, donde se firmó la Declaración de la Independencia, comprendí el grado de compromiso de los fundadores de esta nación. Al firmar ese documento, estos hombres acaudalados arriesgaron sus vidas y sus posesiones. También visitamos las tumbas de muchos de los que firmaron la Declaración, la mayoría de los cuales murieron sin un centavo.

Fuimos a Williamsburg, Virginia, donde Patrick Henry comenzó su labor como líder. Él fue el primer gobernador estadounidense allí, quien dijo: "Dadme la libertad, o dadme la muerte".

Dos de los monumentos más impresionantes que vimos en Washington DC, el Monumento a Washington y el Lincoln Memorial, fueron construidos para honrar a los presidentes que debieron enfrentar las más duras luchas. Uno luchó para formar la nación, y el otro, para mantenerla. Ambos son monumentos al compromiso.

Cómo reacciona el mundo ante el compromiso

En la Biblia, Dios nos da muchos grandes ejemplos de personas comprometidas, como Sadrac, Mesac y Abednego. El rey Nabucodonosor, de Babilonia, ha tomado cautivo a Israel y elegido a algunos de los jóvenes hebreos más prometedores para entrenarlos para servir en su corte. Naturalmente, el más conocido de ellos es Daniel, pero vamos a estudiar especialmente a sus tres amigos.

Nabucodonosor construyó un ídolo de oro y ordenó a su pueblo que al sonar cierta música, todos se inclinaran para adorar ese ídolo. Parecía que todos obedecían la orden, pero entonces llegaron unos caldeos que le dieron al rey una desagradable noticia: "*Hay algunos judíos, a quienes Su Majestad ha puesto al frente de la provincia de Babilonia, que no acatan sus órdenes. No adoran a los dioses de Su Majestad ni a la estatua de oro que mandó erigir. Se trata de Sadrac, Mesac y Abednego*" (Daniel 3:12). El mundo reacciona en diversas formas ante las personas que asumen un compromiso. La primera respuesta se ve claramente en este versículo. El mundo se dará cuenta de que estamos comprometidos con algo. Estos tres jóvenes realmente se hicieron notar.

"*Lleno de ira, Nabucodonosor los mandó llama (...) los jóve-*

nes se presentaron ante el rey" (Daniel 3:13). Lo segundo que sucede es esto: el mundo se sentirá molesto por nuestro compromiso. Nabucodonosor se enfureció; tuvo un ataque de ira. No podía concebir a alguien que no pensara como él pensaba, ni creyera lo que él creía ni anduviera de la manera que él andaba.

"Nabucodonosor les dijo: –Ustedes tres, ¿es verdad que no honran a mis dioses ni adoran a la estatua de oro que he mandado erigir?" (Daniel 3:14). Este versículo nos muestra la siguiente reacción: el mundo cuestionará nuestro compromiso. Nabucodonosor tuvo que asegurarse de lo que había oído; no podía creer que estos muchachos fueran tan osados.

Nabucodonosor dijo entonces que les daría otra oportunidad de inclinarse ante la imagen. *"Ahora que escuchen la música de los instrumentos musicales, más les vale que se inclinen ante la estatua que he mandado hacer, y que la adoren. De lo contrario, serán lanzados de inmediato a un horno en llamas, ¡y no habrá dios capaz de librarlos de mis manos!"* (Daniel 3:15). La cuarta reacción es que el mundo probará si nuestro compromiso es verdadero.

Imagino que aquel día, muchas cosas pasaron por la cabeza de estos tres jóvenes judíos. Probablemente se preguntaron: "¿Puede Dios librarnos?" "¿Qué tendría de malo si nos inclináramos tan solo una vez?" Muchas veces pensé que sería un buen momento para que a alguien se le ocurriera atar los cordones de sus sandalias, de manera de poder agacharse; no para adorar al ídolo, claro, sino para atarse las sandalias.

Cuando llegamos a una encrucijada, debemos demostrar cuán firme es nuestra decisión. No será una elección fácil, porque es a todo o nada. Quizá esté en juego nuestra seguridad, nuestra identidad, nuestra popularidad. No será una decisión que podamos tomar a la ligera.

CARACTERÍSTICAS DE UNA ENCRUCIJADA

Cuando llego a una encrucijada, a una situación en la que es necesario demostrar si mi compromiso es real, *la decisión que debo tomar es personal.* Los demás pueden apoyarme; pueden orar; pueden ofrecerme consejos; pero el único que puede tomar la decisión soy yo. Yo soy quien tendrá que vivir con los resultados de esa decisión y rendir cuentas por ella. Sadrac, Mesac y Abednego estaban juntos, pero cada uno debió tomar su propia decisión y probar su propio compromiso personal.

Una segunda característica del momento crucial en nuestro compromiso es que *la decisión siempre tiene un precio.* No existen los compromisos gratuitos. En esta situación, el compromiso podría haberles costado la vida a esos jóvenes hebreos. Su compromiso quizá no le cueste tanto a usted, pero sin duda le costará algo. Puede ser una amistad; puede ser una disminución de su popularidad. Pero si fuera gratuito, no tendría ningún valor. Tenga por seguro que le costará algo.

Lo tercero que descubro en cuanto a esta encrucijada es que *mi decisión influirá sobre otras personas.* Nunca tomamos una decisión significativa en un momento crítico sin que esto afecte a otros. Podemos tomar la decisión solos, y podemos llevar a cabo nuestro compromiso solos, pero nunca nos comprometeremos a algo realmente importante sin que esto afecte a otras personas. Es como las ondas que se forman en un lago cuando lanzamos una piedra, y que se extienden por toda la superficie del agua.

Cuarto, *es el momento en que Dios se nos revela.* Nabucodonosor afirmó que "*no habrá dios capaz de librarlos de mis manos*", y daba así oportunidad para que Dios revelara su poder. Aun el mundo reconoce que nuestros compromisos son válidos solamente si Dios interviene en ellos.

El concepto correcto acerca de Dios

El concepto de Dios que demostramos tener en las situaciones de crisis determinará el alcance de nuestro compromiso. Si pensamos que Dios nos fallará, que nos dejará solos, que su compañía no es segura, nunca tomaremos un compromiso significativo. Sería tonto que nos comprometiéramos con alguien irresponsable. Pero si nuestro concepto de Dios es que Él es seguro, firme, fiel y verdadero, entonces podemos comprometernos con seguridad.

Sadrac, Mesac y Abednego pudieron asumir su compromiso como era debido, porque tenían el concepto correcto acerca de Dios. Ellos le dijeron al rey: "*¡No hace falta que nos defendamos ante Su Majestad! Si se nos arroja al horno en llamas, el Dios al que servimos puede librarnos del horno y de las manos de Su Majestad*" (Daniel 3:16-17). Su primer concepto acerca de Dios era que Él podía librarlos.

Luego continuaron: "*Pero aun si nuestro Dios no lo hace así, sepa usted que no honraremos a sus dioses ni adoraremos a su estatua*" (Daniel 3:18). Ellos comprendían que Dios espera que hagamos lo correcto, sin importar las consecuencias. Si tenemos este doble concepto de Dios, tenemos lo necesario para que nuestro compromiso sea verdaderamente firme.

Si podemos ver a Dios como aquel que espera que hagamos lo correcto sin importar las consecuencias, nos mantendremos firmes; Dios muchas veces nos dará sanidad y liberación y poder y unción, pero eso es solo la decoración de la torta. El concepto que tenemos de Dios marca una gran diferencia.

Resultados del compromiso

¿Qué consecuencias tuvo el compromiso que demostraron

Sadrac, Mesac y Abednego?

> *Ante la respuesta de Sadrac, Mesac y Abednego, Nabucodonosor se puso muy furioso y cambió su actitud hacia ellos. Mandó entonces que se calentara el horno siete veces más de lo normal, y que algunos de los soldados más fuertes de su ejército ataran a los tres jóvenes y los arrojaran al horno en llamas. Fue así como los arrojaron al horno con sus mantos, sandalias, turbantes y todo, es decir, tal y como estaban vestidos. Tan inmediata fue la orden del rey, y tan caliente estaba el horno, que las llamas alcanzaron y mataron a los soldados que arrojaron a Sadrac, Mesac y Abednego, los cuales, atados de pies y manos, cayeron dentro del horno en llamas* (Daniel 3:19-23).

El primer resultado de nuestro compromiso es que *seremos probados.* Puede dar por descontado que cuando usted tenga una posición firme en cuanto a las cosas de Dios, deberá demostrarlo.

El segundo resultado es que *Dios será glorificado.* Cuando estamos verdaderamente comprometidos con Él, Dios recibe la alabanza.

Nabucodonosor miró dentro del horno y exclamó: "*¿Acaso no eran tres los hombres que atamos y arrojamos al fuego?*" porque veía "*a cuatro hombres, sin ataduras y sin daño alguno, ¡y el cuarto tiene la apariencia de un dios!*" Entonces llamó a Sadrac, Mesac y Abednego para que salieran del horno, y los tres jóvenes obedecieron. En Daniel 3:27 vemos que los sátrapas, los prefectos, los gobernadores y los consejeros reales se reunieron alrededor de ellos y comprobaron que el fuego no había afectado sus cuerpos. Su cabello no estaba chamuscado, ni sus ropas quemadas, ni tenían olor a fuego. Nosotros ni siquiera podemos lograr esto yendo a la sección de no fumadores de un restaurante.

Nabucodonosor dijo entonces: "*¡Alabado sea el Dios de estos jóvenes, que envió a su ángel y los salvó! Ellos confiaron en él y, desafiando la orden real, optaron por la muerte antes que honrar o adorar a otro dios que no fuera el suyo. Por tanto, yo decreto que se descuartice a cualquiera que hable en contra del Dios de Sadrac, Mesac y Abednego, y que su casa sea reducida a cenizas, sin importar la nación a que pertenezca o la lengua que hable. ¡No hay otro dios que pueda salvar de esta manera!*" (Daniel 3:28-29).

¿Cómo sabrá el mundo cuán grande es nuestro Dios si no es por medio de cristianos comprometidos? Nuestro problema no es que no se vea el poder de Dios, los milagros de Dios o la unción de Dios: Dios está dispuesto a hacer su parte. Solo espera que alguien salte dentro del horno. Dios busca personas totalmente comprometidas, personas cuyo propósito vaya más allá de sus propias capacidades. Existe una relación directa entre nuestra disposición a morir por Dios y la disposición de Él para librarnos.

El tercer resultado de nuestro compromiso es que *Dios bendecirá nuestras vidas.* El rey hizo que Sadrac, Mesac y Abednego prosperaran en la provincia de Babilonia, según leemos en Daniel 3:30.

Las personas comunes pueden hacer un impacto extraordinario en su mundo. El secreto radica en estar completamente comprometidos con la causa de Jesucristo. Si leemos las biografías de grandes hombres, inmediatamente nos damos cuenta de dos cosas: primero, que todos los grandes hombres tienen luchas, todos los grandes hombres deben enfrentar un "horno de fuego" en sus vidas. Segundo, que lo que los hace realmente grandes es el alcance de su compromiso. No llegaron a ser grandes por ser más inteligentes, ni más rápidos, ni tener una mejor educación; simplemente, tenían un compromiso más profundo.

CÓMO DESARROLLAR UN COMPROMISO FIRME

¿Cómo podemos desarrollar un compromiso firme? De la historia de Sadrac, Mesac y Abednego podemos deducir varios principios.

El compromiso generalmente se origina en un ambiente de lucha.. Pocas veces vemos que surja un compromiso de un contexto de prosperidad. La prosperidad puede llevarnos a malgastar el tiempo y desperdiciar nuestra vida, además de distorsionar nuestros valores; no sucede lo mismo con el compromiso. Los tres jóvenes judíos estaban cautivos en un país extraño, con nuevas costumbres, un ambiente diferente, valores y prioridades distintas de las suyas. Para ellos era un ambiente de lucha.

Winston Churchill llegó a ser un grande durante la Segunda Guerra Mundial. Su hora de mayor brillo fue la hora de la confrontación, del desafío. Después de la guerra continuó siendo un primer ministro común, nada extraordinario. Cuando preveía la caída de Francia, en 1940, Churchill dijo: "La batalla de Francia ha terminado; creo que la de Gran Bretaña está por comenzar. De esta batalla depende la supervivencia de la civilización cristiana... Por tanto, preparémonos para cumplir nuestro deber, de tal manera, que aunque el Imperio Británico y su Comunidad de Naciones duren mil años, los hombres digan que este fue su momento de mayor gloria".

Cuarenta y cinco años más tarde, probablemente nueve de diez personas dirían que la hora de mayor gloria de Gran Bretaña fue en los días del gobierno de Churchill, durante la Segunda Guerra Mundial. El compromiso generalmente surge en las horas más oscuras.

El compromiso no depende de capacidades ni dones. Daniel, Sadrac, Mesac y Abednego estaban entre otros jóvenes apuestos e inteligentes que habían sido elegidos para un entrenamiento especial, según leemos en Daniel 1:3-4. Pero me agrada pensar que en realidad no fueron elegidos por esas cualidades, sino por su compromiso.

El compromiso es una decisión, no un resultado de las condiciones. Las personas no asumen importantes compromisos porque estén dadas las condiciones adecuadas. Lo hacen porque deciden hacerlo a pesar de la situación en la que se encuentran. En Daniel 1:8 dice: "*Daniel* se propuso *no contaminarse*".

El momento en que Daniel se propuso no contaminarse; el momento en que Sadrac, Mesac y Abednego se propusieron servir a Dios, fue su gran momento. Es el momento en que Dios los elevó. Dios los bendijo debido a que ellos asumieron un compromiso.

El compromiso comienza con las pequeñas cosas. Nadie se compromete a algo realmente importante sin antes comprometerse en cosas más pequeñas. Es como aprender a caminar; con cada paso que damos, ganamos confianza. Cuando vemos que Dios bendice nuestros pequeños compromisos, comenzamos a confiar en Él para asumir otros cada vez mayores.

No se comprometa hoy a ganar a todo su mundo para Jesucristo. Eso es idealista e irracional. Comprométase a ganar una persona para Cristo. Con la seguridad que obtenga al ganar a esa persona, podrá ganar dos más.

Sadrac, Mesac y Abednego comenzaron de la manera correcta, negándose a comer la comida del rey. Si usted no puede mantenerse firme y decirle que no a la comida del rey, no podrá después mantenerse firme para decirle que no al ídolo del rey. Esa valentía no se obtiene de un momento para otro; debe ser desarrollada a través de las pequeñas cosas. Así usted comprende que cuando rechazó la comida del rey, Dios lo bendijo y usted prosperó. Si Dios lo ayudó con el tema de la comida, también lo ayudará con el tema del ídolo. Y paso a paso, comenzamos a construir un fundamento que nos da un carácter firme para mantener un compromiso firme.

Este principio también funciona en sentido contrario. Aquí vemos el peligro del pecado: cuando pecamos una vez, es más fácil pecar la segunda vez. Por eso debemos tener un sano temor a la tentación y un sano temor al pecado. El pecado rompe las barreras de la resistencia. Hace que nuestra visión sea borrosa, que no podamos enfocar con claridad, y de repente nos encontramos haciendo cosas que no deberíamos hacer. Si usted no asumió un compromiso firme ayer, el pecado puede alcanzarlo hoy.

Asuma el compromiso antes de que se presente la ocasión. No se deje atrapar por la emoción del momento, porque entonces vacilará en su compromiso. Tome la decisión antes que surja la oportunidad de ponerla en práctica. La batalla se gana antes de comenzar. Ese es el secreto del éxito de los tres jóvenes hebreos. Ellos ya sabían lo que iban a hacer. No se quedaron allí escuchando la música y mirándose uno a otro, preguntándose qué hacer. Ellos ya habían tomado una decisión sobre ese tema, así que no tuvieron que pensarlo.

Confíe en Dios. En Daniel 3:28, después que los jóvenes fueron rescatados y liberados, Nabucodonosor dijo algo muy interesante: "*¡Alabado sea el Dios de estos jóvenes, que envió a su ángel y los salvó! Ellos confiaron en él...*" Los grandes compromisos están basados en la confianza en Dios.

Manténgase firme. En Daniel 3:28, Nabucodonosor hace otro comentario sobre estos tres jóvenes. No solo confiaron en Dios, sino que "*optaron por la muerte antes que honrar o adorar a otro dios que no fuera el suyo*". Ellos se mantuvieron firmes.

En su libro *Choices* (Decisiones), Frederic Flach escribe: "La mayoría de las personas pueden mirar atrás y reconocer un momento y un lugar en que sus vidas cambiaron significativamente. Ya sea por accidente o por designio, estos son los momentos en que, debido a nuestra disposición interior y a la combinación de eventos que se produce a nuestro alrededor, nos vemos obligados a revaluarnos profundamente a nosotros mismos y las circunstancias en que vivimos, con el fin de tomar ciertas decisiones que influirán en el resto de nuestras vidas". Nunca es demasiado tarde para que esto suceda.

Algunas personas que leen este libro quizá piensen: "¡Dios mío, ya hace veinticinco años que vivo esta rutina!" Tome ciertas decisiones; comprométase, arriésguese. Así encontrará fruto. Nunca es demasiado tarde. ¡Salga a buscar su vida! No permita que las circunstancias, ni la edad, ni ninguna otra cosa lo limite. Solo *usted* puede limitarse a sí mismo.

En 1970 leí un libro de Oswald Chambers, *Spiritual Leadership* (Liderazgo espiritual). Después de leer ese libro me convencí de que las únicas personas que van a influir en el mundo para Dios son aquellas que se convierten en líderes y se mantienen firmes al seguir principios que posiblemente el resto del mundo no siga. Recuerdo que escribí en la contratapa de ese libro que sin importar cuántos miembros tuviera mi congregación ni qué pensaran los demás (hasta llegué a escribir que sin importar lo que pensara mi padre, que es la mayor influencia y la persona más importante en mi vida), hay cosas que voy a creer y que voy a defender. Aún hoy sigo fiel a esa decisión.

Hace poco leía sobre John Wesley, uno de mis héroes favoritos. Wesley escribió una carta de aliento a un hombre llamado George, que estaba a punto de salir de Inglaterra para ir a evangelizar en la nueva tierra. En su carta, Wesley decía: "Querido George, ha llegado el momento de que te embarques para ir a América. Te dejo en libertad, George, en ese gran continente que es América. Publica tu mensaje a la luz del sol y haz todo el bien que puedas hacer". Me encanta esa expresión liberadora de Wesley: "Te dejo en libertad".

Un compromiso firme le dará libertad y le abrirá las puertas para hacer grandes cosas para Dios.

Otros libros del Dr. Maxwell publicados por Editorial Peniel:

LIDERAZGO 101

Citas de inspiración e ideas para líderes

ES SÓLO UN PENSAMIENTO...
PERO PODRÍA CAMBIAR SU VIDA

Estímulos para sus sueños, e inspiración para convertir su visión en realidad

RELACIONÁNDOSE
MEJOR CON LOS DEMÁS

Curso acelerado de relaciones humanas

Editorial Peniel
Buenos Aires - Miami - New York - San José
Boedo 25, Buenos Aires (1206) Argentina
e-mail: penielar@peniel.com.ar
www.editorial**peniel**.com

editorial